Altern als Lebensform

Altern als Lebensform

Orientierungen für die Diakonie

Herausgegeben von

Christian Albrecht

Mohr Siebeck

Christian Albrecht, geboren 1961, ist Professor für Praktische Theologie an der Evangelisch-Theologischen Fakultät der Ludwig-Maximilian-Universität München.
orcid.org/0000-0003-3465-5585

ISBN 978-3-16-160038-8/eISBN 978-3-16-160183-5
DOI 10.1628/978-3-16-160183-5

Die Deutsche Nationalbibliothek verzeichnet diese Publikation in der Deutschen Nationalbibliographie; detaillierte bibliographische Daten sind im Internet über *http://dnb.dnb.de* abrufbar.

© 2021 Mohr Siebeck Tübingen. www.mohrsiebeck.com

Das Werk einschließlich aller seiner Teile ist urheberrechtlich geschützt. Jede Verwertung außerhalb der engen Grenzen des Urheberrechtsgesetzes ist ohne Zustimmung des Verlags unzulässig und strafbar. Das gilt insbesondere für die Verbreitung, Vervielfältigung, Übersetzung und die Einspeicherung und Verarbeitung in elektronischen Systemen.

Das Buch wurde von Martin Fischer aus der Stempel Garamond gesetzt.

Printed in Germany.

Vorwort

Die Lebensphase des Alters ist heute länger und facetten-
reicher als je zuvor, und das Altern ist zu einer Gestaltungsaufgabe geworden. Medizinischer und technischer
Fortschritt, gesellschaftskulturelle Wandlungen sowie die
zunehmende Individualisierung und Differenzierung von
Lebenssituationen machen es zugleich möglich und nötig,
das Altern als eigene Lebensform zu begreifen – mit
eigenen Herausforderungen und eigenen Chancen. Der
alternde Mensch muss neue Antworten finden auf neue
Lebensmöglichkeiten, aber auch auf neue Formen des
Eingeschränktseins.

Altern heißt im Kern, in der eigenen Lebensführung
permanent Antwort geben zu müssen auf die Gleichzeitigkeit von zunehmender Freiheit und zunehmender
Abhängigkeit. Es heißt, den Zuwachs an Gestaltungsmöglichkeiten mit den enger werdenden Grenzen der
Selbstgestaltung zu vermitteln. Es heißt, die Aufgabe
des Neuanfangs mit der Aufgabe des Verzichts zu verbinden. Es heißt, in massiven Wandlungen der Sozialität
zu leben: mit der Notwendigkeit, neue Beziehungen zu
knüpfen und mit dem Ende vertrauter Beziehungen leben
zu lernen. Es heißt, den Wert der Erinnerung kennen-
zulernen, ohne in Nostalgie zu verfallen.

Dass das Altern zu einer eigenen, herausforderungs-
vollen wie chancenreichen Lebensform geworden ist,
bedeutet zugleich veränderte Aufgaben für die Diakonie.

Die Diakonie muss die vielfältigen Formen des Alterns mit wahrnehmungssensiblem Sinn für die Individualität der ihr anvertrauten Alten begleiten. Sie muss differenzierte Angebote für die verschiedenen Formen und Stadien des Alterns bereithalten, für die fließenden Übergänge von der eher aktiven dritten Lebensphase hinein in die durch zunehmende Hilfsbedürftigkeit geprägte vierte Lebensphase. Die Diakonie hat Verantwortung dafür, dass die Menschen, die in ihrer Obhut altern, dies in der bestmöglichen Balance von gewonnener Freiheit und akzeptierter Abhängigkeit tun können – so, dass Menschen im Alter, die Angebote der Diakonie wahrnehmen, zunächst darauf vertrauen können, auch in größer werdender Abhängigkeit ihre gewonnene Freiheit selbstbestimmt zu gestalten. Und später müssen sie darauf vertrauen können, dass ihnen die im weiteren Alternsverlauf abnehmenden, aber verbleibenden Freiheiten zugestanden werden, wo immer dies möglich ist und dass sie in der Wahrnehmung dieser Freiheiten unterstützt und begleitet werden.

In all dem muss die Diakonie Verschiebungen der Verantwortung moderieren, die dynamischen Veränderungen der Fähigkeit älterer Menschen, Verantwortung für sich selbst zu übernehmen. Die diakonische Betreuung muss zunächst die Fähigkeit zur Selbstverantwortung des alten Menschen fördern, wo immer es geht; sie muss dann allmählich und zunehmend Mitverantwortung für sein Geschick übernehmen – und sie muss schließlich das Vertrauen dafür rechtfertigen, dass ihr gegen das Lebensende umfassende Verantwortung zukommt für das Leben und das Wohlergehen des Menschen, der den Überblick über die Welt und sich selbst verloren hat.

Wo verlaufen die Grenzen zwischen Potentialen und Verletzlichkeit? Wie begleitet man die Gratwanderung zwischen Entwicklung und Endlichkeit? Wie reagiert man auf die zahllosen Mischformen von Zuversicht und Skepsis, von Hoffnung und Angst, wie auf die Entzweiungen von Körper und Geist? Wie geht man mit der ansteigenden Differenzierung von Entwicklungsverläufen des Alterns um? Welche reflexiven und emotionalen, aber auch sozialen, ökonomischen und pragmatischen Aufgaben bedeutet diese Differenzierung für die Diakonie?

Diese und verwandte Fragen sind auf dem traditionellen Bußtagstreffen[1] der Diakonie in der Evangelischen Akademie Tutzing im Herbst 2019 diskutiert worden. Der vorliegende Band dokumentiert einige der dort gehaltenen Vorträge.

Eingangs gilt es, den Blick zu weiten. Obwohl wir es gewohnt sind, das Altern vor allem als Lebensform und Aufgabe des einzelnen Menschen zu verstehen, darf nicht übersehen werden, dass das Altern nicht nur individuelle, sondern auch soziale Aspekte hat. Diese haben nicht allein mit der unmittelbaren Umgebung des alternden Menschen zu tun, sondern auch mit gesellschaftlichen Voraussetzungen, gesellschaftlichen Bedingungen und gesellschaftlichen Grenzen. Aus der Perspektive einer förmlichen Soziologie des Alterns beleuchten *Gertrud M. Backes* und *Wolfgang Clemens* in einer Art Bestandsaufnahme, inwiefern die Lebensform des Alterns auch als Resultat sowie als Motor gesellschaftlichen Strukturwandels verstanden werden muss. Sie heben hervor, dass Altern differenziell ungleich geschieht, nur in einer Vielzahl unterschiedlicher Ausprägungen besteht, abhängig von der materiellen und immateriellen Lebenslage der

Betroffenen, die als Ergebnis lebenszeitlicher, biographischer Voraussetzungen und Entwicklungen zu sehen sind.

Für die Strategien einer Bewältigung des Alterns als Lebensform und auch für unausweichliche Einsichten in das Scheitern an dieser Herausforderung dürfte der schlichte Sachverhalt zentral sein, dass die Lebensform des Alterns von Ambivalenzen durchzogen ist, von gegenläufigen Bewegungen, die in den Ausgleich gebracht werden müssen. Dazu zählt die gleichzeitige Zunahme und Abnahme von Entwicklungsmöglichkeiten, dazu zählt die Gleichzeitigkeit von zunehmender Reife und zunehmender Verletzlichkeit. Aus der Sicht der gerontologischen Psychologie plädiert *Andreas Kruse* dafür, gerade im Blick auf diese Ambivalenzen Selbst- und Weltgestaltung als zentrale Aufgaben des Alters zu entdecken. Er stellt heraus, in welcher Weise die Psyche auch des hochalten Menschen unverändert Aufgaben und Anforderungen ausgesetzt ist, die Entwicklungsmöglichkeiten bedeuten und als Formen seelisch-geistigen Wachstums begriffen werden müssen, in dem Menschen schöpferisch sind und sich als mitverantwortlich für andere Menschen erleben können.

Die Lebensphase des Alterns nicht nur zu erdulden, sondern zu gestalten, das will offensichtlich gelernt werden, eingeübt werden. Welche Voraussetzungen aber müssen gegeben sein, innerlich und äußerlich, um diese Gestaltungsaufgabe zu meistern? Der Philosoph *Otfried Höffe* führt aus, inwiefern diese Gestaltung des Alters eine Frage der Lebenskunst ist, bisweilen der ganz praktischen Lebenskunst. Sein Beitrag zielt darauf, was man – durchaus konkret – tun sollte, um in Würde zu altern und die Omnipräsenz von Sterben und Tod in dieser Lebensphase zu bewältigen.

Abschließend umreißt *Christian Albrecht* aus theologischer Perspektive Wandlungen, Gratwege und Konstanzen, die das Alter als Lebensform bestimmen. Die gemeinsame Aufgabe besteht darin, dass jeweils lebenspraktische Bewältigungen des Unterschiedes zwischen dem, was der Mensch kann und dem, was nur Gott kann, zu leisten sind. In diesem Sinne stellt Altern das Grundmuster einer protestantischen Lebensform in allen Lebensstufen dar.

Dank gilt allen an der Tagung Beteiligten für das engagierte Gespräch, dem Verlag Mohr Siebeck für die Aufnahme des Bandes in das Verlagsprogramm, Herrn Privatdozenten Dr. Johannes Greifenstein für die redaktionelle Bearbeitung des Bandes – und dem Augustinum, Diakoneo sowie der Rummelsberger Diakonie dafür, dass sie über die Tagung hinaus auch diese Publikation finanziell großzügig unterstützten.

München, im Oktober 2020   Christian Albrecht

Inhaltsverzeichnis

Alter(n) als Herausforderung an gesellschaftliche und individuelle Entwicklung

Gertrud M. Backes und *Wolfgang Clemens*

Alter(n) hat sich in der Moderne zu einer herausforde-rungsvollen wie chancenreichen eigenen Lebensform ent-wickelt, die allgemein auf die ‚Lebensphase Alter' bezogen betrachtet und diskutiert wird. Dabei stellt sich zunächst die zentrale Frage: Was ist das ‚Alter', von dem wir spre-chen? Unstrittig ist, dass es sich um die letzte Phase des Lebenslaufs handelt. Ihr Beginn wird allgemein mit dem Übergang in den sogenannten ‚Ruhestand', mit der alters-gebundenen Aufgabe der Erwerbsarbeit, verortet. In der heutigen Gesellschaft ‚des langen Lebens' handelt es sich dabei um die – nach der Phase der Erwerbsarbeit – zweit-längste Lebensphase, die allerdings in ihrem Entwick-lungsverlauf in einzelne Teilphasen unterschieden werden muss. Es wird von ‚Jungen Alten' und ‚Alten Alten', von ‚Hochaltrigen' und von selbständigen und unterstüt-zungsbedürftigen Alten gesprochen. Bei einer genaueren Analyse der ‚Lebensphase Alter' wird deutlich, wie diffe-renziert, sozialstrukturell verschieden und lebenszeitlich geprägt sich ‚Alter(n) als Lebensform' präsentiert.

Eine gesellschaftliche Betrachtung des Phänomens ‚Alter(n) als Lebensform' muss – im weitesten Sinne –

von der gesellschaftlichen Entwicklung hinsichtlich
Kultur, Ökonomie und Politik ausgehen, die alle Lebensphasen, insbesondere auch das Alter, prägt und im Prozess
verändert. Die Entwicklung des Alter(n)s als Lebensphase und Lebensform wird u. a. von den Institutionen,
die das Leben im Alter (mit)bestimmen, in besonderer
Weise geprägt. Dies wird z. B. im Übergang vom selbstbestimmten Wohnen im Privathaushalt zum institu-
tionalisierten Wohnen, z. B. im ‚Altersheim‘, besonders
deutlich. Die Veränderungen von Altern als Lebensform
in den letzten Jahrzehnten bis heute und in naher oder
ferner Zukunft sind nur angemessen erfassbar durch
den Blick auf die sogenannte ‚alternde Gesellschaft‘,
einem Phänomen, das sich in allen entwickelten Gesellschaften in ähnlicher Weise zeigt. Zurückgehende Ge-
burtenraten, steigende Lebenserwartung und das ‚Alter‘
als eigenständige Lebensphase sind Errungenschaften der
Moderne, die in vielfacher Weise gesellschaftlich geprägt
sind und ihrerseits wiederum Gesellschaft insgesamt
prägen.

   ‚Alter(n) als Lebensform‘ soll deshalb im Folgenden
in quantitativer wie qualitativer Sicht als Ergebnis gesellschaftlichen Strukturwandels und gleichzeitig als Wirkung
auf diese Entwicklung dargestellt werden.

I. Entwicklung und Status Quo

Konzept: Alter(n) als ‚Gesellschaftliches Problem‘

‚Alter(n) als Lebensform‘ hat sich im Rahmen gesellschaftlichen und sozialen Wandels entwickelt und verändert. In den letzten zwei bis drei Jahrhunderten haben

Alter und Altern einen anhaltend wachsenden Einfluss auf ökonomische, politische und kulturelle Strukturen und Verhältnisse der Gesellschaft gewonnen und damit die Lebenslagen und Lebensformen der ständig wachsende Zahl älterer und alter Menschen in zunehmend differenzierter Weise geprägt. Den Trend der Bedeutungszunahme von Alter(n) lässt sich theoretisch-konzeptionell wie empirisch mittels der Entwicklung von Alter(n) als individuelles über ein soziales zu einem gesellschaftlichen Problem verdeutlichen[1]. In einer ersten, vor- bzw. frühindustriellen Phase war die (materielle) Gestaltung des Lebens im Alter persönliches Risiko. Man arbeitete, solange es die Gesundheit zuließ, und war ansonsten auf die Unterstützung durch die Familie bzw. mildtätige Gaben angewiesen. Ein Einfluss auf die Gesellschaft als Gesamtsystem war nicht zu verzeichnen; allein schon aufgrund der Tatsache, dass nur sehr wenige Menschen, und dann primär solche aus besser gestellten sozialen Klassen, überhaupt alt im heutigen Sinne wurden. Die durchschnittliche Lebenserwartung lag deutlich niedriger. Mit der Industrialisierung und Verstädterung und damit einhergehender Veränderungen der traditionellen Familienstrukturen sowie Belastungen durch die industrialisierte Arbeitswelt entwickelte sich Alter(n) zum ‚sozialen Problem‘: Die Anzahl alt werdender Menschen nahm zu, materielle und gesundheitliche Risiken alternder Beschäftigter waren nicht mehr individuell zu lösen, und ein Zusammenhang mit Lebens- und Arbeitsbedingungen wurde unverkennbar. Entsprechend wurden berufsständische Sozialkassen und letztlich die Rentenversicherung im Rahmen der Bismarck'schen Sozialgesetzgebung (1890) eingeführt. Als Instrumente zum Umgang mit dem ‚sozialen Problem‘

‚Armut im Alter' bzw. ‚Invalidität' wurden sie sukzessive etabliert und erst mit der Rentenreform 1957 in der BRD umfassend umgesetzt. Es handelte sich immer um Instrumente zur ‚Lösung' eines ‚sozialen Altersproblems', dem man zumindest eine gesellschaftliche (Mit-)Bedingtheit zuschrieb, somit auch eine bedingte gesellschaftliche Verantwortung für den Umgang damit bzw. entsprechende Bewältigungsansätze. Allerdings war Gesellschaft noch nicht als Ganzes und in allen Teilbereichen von Alter und Altern derart beeinflusst, wie sich dies dann in der Folge abzeichnete, sodass Alter(n) dann zum ‚gesellschaftlichen Problem' wird – im Sinne einer Herausforderung für die Entwicklung von Gesellschaft auf allen Ebenen.

Mit dem Fortschreiten der sogenannte ‚Alterung der Gesellschaft', der weiteren Zunahme der Lebenserwartung bei sinkender Geburtenhäufigkeit und Anwachsen der Gruppe älterer Arbeitnehmerinnen und Arbeitnehmer, und Rentnerinnen und Rentner, entwickelt sich Alter(n) zum ‚gesellschaftlichen Problem' in dem Sinne, dass es sich nicht mehr nur individuell und sozial, sondern gesamtgesellschaftlich, d. h. auf alle gesellschaftlichen Teilbereiche auswirkt und entsprechend auch gesamtgesellschaftlicher Entwicklungen im Umgang damit bedarf. Dabei entstehen Unsicherheiten und Friktionen, die ‚Alter(n) als Lebensform' beeinflussen und Lebenslagen im Alter prägen. Man denke dabei z. B. an die Absenkung der Rentenhöhe, Armut im Alter, Pflegeproblematik, an das Problem bezahlbarer Wohnungen etc. Hier wird bereits der Zusammenhang zwischen gesellschaftlicher Entwicklung infolge des demographischen Wandels und den Auswirkungen auf individuelles Handeln der betroffen Altersgeneration deutlich.

‚Alternde' Gesellschaft – analytischer Zugang

Mit dem Dreischritt Alter(n) als ‚individuelles – soziales – gesellschaftliches Problem' wird im Weiteren auf die derzeitige Alternsproblematik und deren Ausprägungen verwiesen. Der umfassende aktuelle gesellschaftliche Wandel beinhaltet Formen der Veränderungen in einzelnen gesellschaftlichen Sphären: im bereits erwähnten Bereich der Demographie, in den Altersstrukturen und in verschiedenen gesellschaftlichen Teilbereichen. Diese Wandlungen vollziehen sich als historische und kulturelle Entwicklung auf gesellschaftlicher und institutioneller Ebene, auf Seiten des Individuums und seiner Lebensumwelt durch Veränderungen individueller Lebens(ver)läufe, die von der jeweiligen Kohorte, Generation, vom Alter, der Zugehörigkeit zu einer sozialen Klasse, vom Geschlecht, Ethnizität, Lebensraum bzw. Region etc. geformt werden. ‚Altern als Lebensform' kann entsprechend nicht als Globalphänomen betrachtet und analysiert werden, sondern muss Teilgruppen älterer Menschen mit verschiedenen Konstellationen der genannten Merkmale berücksichtigen.

II. Herausforderungen einer alternden Gesellschaft

Diskurse über Alter(n) in alternden Gesellschaften

Über ältere und alte Menschen in unserer Gesellschaft werden in der Öffentlichkeit, in Politik und Wissenschaft seit einigen Jahrzehnten verschiedene Diskurse geführt. Dabei kann man zwei thematische Zugänge unterscheiden, die von entsprechenden Modellvorstellungen ausgehen:

Diskurs 1: Defizitmodell des Alter(n)s – Alte Menschen als Last bzw. Belastung.

Dabei wird ein defizitäres Alter(n) angenommen, man geht von einer gesellschaftlichen Unproduktivität aus, von einer Kluft zwischen den Generationen. Ältere und alte Menschen werden als soziale und ökonomische Bürde betrachtet. In der unterstellten Passivität, verbunden mit einem Rückzug aus gesellschaftlichen Beziehungen, wird eine Gefahr für Politik, Gesellschaft und den sozialen Frieden gesehen. Diesem Modell wird entgegnet mit:

Diskurs 2: Kompetenzmodell – Alte Menschen als Potenzial bzw. Ressource.

Dieser Ansatz geht von der Annahme eines aktiven Alter(n)s aus, das zu gesellschaftlicher Produktivität führe. Er sieht eine Solidarität der Generationen mit einem damit verbundenen sozialen bzw. ökonomischen Beitrag sowie gesellschaftliche Partizipation dieser Altersgruppe: Unterstützung für Politik, Gesellschaft und sozialen Frieden.

Zwischen dem Diskurs ‚Alte Menschen als Last' und dem Diskurs ‚Alte Menschen als Potenzial' zeigen sich diverse Formen des Ageism. Eine kritische Analyse deckt dabei

– Widersprüche und Ambivalenzen auf, z.B. Ageism auch im Potenzialediskurs (s. Leistungsdiktat bis ins hohe Alter),

– einseitige/enge Fokussierung auf (verallgemeinerte) alte Menschen (s. ‚Defizitmodell' auf ‚hochalte' und ‚Potenzialemodell' auf ‚junge' Alte, dabei jeweils auf ‚alte Menschen' hin verallgemeinert),

– verdeckte/latente Inhalte (wie: soziale Konflikte, Macht und Interessen, Ungleichheiten).

Herausforderungen

Die Herausforderungen in ‚alternden Gesellschaften‘ bestehen vor allem in einer wachsenden Disbalance von Belastungen und zur Verfügung stehenden Ressourcen. Hier zeigen sich deutliche Unterschiede zwischen Angehörigen verschiedener Kohorten, Altersgruppen, zwischen den Geschlechtern, Angehörigen sozialer Klassen, Bewohnern verschiedener Regionen (u.a. Stadt/Land), Ethnie u.v.m.

III. Wege des Umgangs mit Altern im gesellschaftlichen Strukturwandel

Zum Zusammenhang von gesellschaftlicher und individueller Entwicklung

Gesellschaftliche Strukturen bestimmen das soziale Handeln der Individuen und prägen Lebens- und Arbeitsbedingungen von Gesellschaftsmitgliedern in ihren Lebenswelten, von Institutionen und Gruppen, v.a. Kleingruppen – wie Familie, arbeitsweltliche Umgebung etc. Strukturen der Gesellschaft sind unter der zeithistorischen Perspektive von Entwicklung und einer zeitlichen Dynamik zu betrachten, während sich die zeitliche Perspektive von Individuen und ihr soziales Umfeld an der biographischen Entwicklung, von Lebens(ver)läufen orientiert. Lebens(ver)läufe ihrerseits sind in bestimmten Phasen bzw. Epochen mit jeweils spezifischen Strukturbedingungen angesiedelt und werden von diesen geprägt. So weist die Geburtskohorte 1930 wesentlich andere (eingeschränktere) Strukturbedingungen hinsichtlich Lebens-, Bildungs-, Arbeits- und Karrierechancen auf als jüngere Geburtsjahrgänge, z. B. der Kohorten 1950 und 1970.

Gesellschaftliche Strukturen sind bestimmt vom:
- Politischen System, System sozialer Normen,
- der ökonomisch-technologischen Entwicklung,
- der kulturellen Entwicklung,
- der Lebenswelten, Lebensformen,
- dem Entwicklungsstand von Institutionen (z. B. Organisationen, auch Ehe/Familie etc.) und
- den Sozialsystemen (z. B. Gesundheits-, Alterssicherungssysteme etc.).

Ein wichtiger Aspekt des Zusammenhangs von gesellschaftlicher und individueller Entwicklung ist die Frage, wie Individuen die Dynamik gesellschaftlicher Strukturveränderungen bewältigen. Dies gilt insbesondere bei raschem sozialen Wandel (z. B. Anschluss der DDR an die Bundesrepublik), aber auch bei langsamem sozialen Wandel (z. B. berufliche Anforderungen im technologischen Wandel oder allgemein: durch die Ökonomisierung und Digitalisierung aller Lebensbereiche).

Der gesellschaftliche Strukturwandel wird u. a. hervorgerufen durch:
- Politische Entwicklung
- Demographischen Wandel
- Technologischen Wandel
- Ökonomische Entwicklung – Arbeitseinkommen – Erwerbsformen
- Entwicklung des gesellschaftlichen Normensystems
- Verhältnis der Geschlechter
- Alter(n)sstrukturwandel
- Regionale Entwicklungen.

Allerdings zeigen sich auch Rückwirkungen individuellen Handelns auf gesellschaftliche Strukturen, die Strukturveränderungen hervorrufen, so z. B. durch soziale Bewegungen, politisches Handeln Einzelner wie zur Zeiten der ‚Wende‘ in der DDR etc., auch durch Einzelpersonen, z. B. Greta Thunberg mit ‚Fridays for Future‘), auch bei Entwicklungen durch technologische Innovationen.

Auswirkungen des Strukturwandels in gesellschaftlichen Teilbereichen durch das sogenannte ‚Altern der Gesellschaft‘ – Entwicklungserfordernisse für ‚Alter(n) als Lebensform‘

In einzelnen gesellschaftlichen Teilbereichen macht sich der demographische und Alter(n)sstrukturwandel besonders stark bemerkbar. Dies betrifft vor allem folgende Merkmale:

1) Aspekte des demographischen Wandels – Zunahme der Lebenserwartung

Die bisherige Entwicklung der schrumpfenden Geburtenrate hat bei zunehmender Lebenserwartung zur sogenannten ‚Alterung der Gesellschaft‘, d. h. einem immer größeren Anteil über 65-Jähriger an der Gesamtbevölkerung geführt. Prognosen gehen von einer weiteren Zunahme in den nächsten vier Jahrzehnten aus. Die Lebenserwartung differiert nach Region und v. a. sozialstrukturell sehr unterschiedlich: ‚Wenn Du arm bist, musst Du früher sterben.‘ Der Anteil Hochaltriger hat dabei überproportional zugenommen.

Die schrumpfende ‚Reproduktionsrate‘ (Geburtenhäufigkeit) seit Beginn der 1970er Jahre hat Auswirkungen auf Familienstrukturen (kleinere Familien mit weniger Kindern) und das familiäre ‚Pflegepotenzial‘. Die Finanzierung der Sozialsysteme (Alters-, Kranken- und Pflegeversicherung) wird zunehmend zur Belastung für Gesellschaft und Individuen. Die Geschlechterproportion im Alter, der höhere Anteil von Frauen, hat beispielsweise Auswirkungen für die Betroffenheit von Verwitwung, Alleinleben, Strukturen der Altersheimbewohner und geriatrische Versorgung (jeweils mehr Frauen).

Ein besonderer, gesellschaftlich wirksamer Aspekt in der Entwicklung des nächsten Jahrzehnts besteht darin, dass die geburtenstarken Jahrgänge 1955–1965 (‚Babyboomer‘) in Rente/Pension gehen. Ein plötzlich stark zunehmender Rentenzugang stellt die Gesetzliche Rentenversicherung vor Finanzierungsprobleme, ein schwindendes Arbeitskräftepotenzial beeinträchtigt die nationale Wirtschaftskraft und erzeugt Arbeitsmarktprobleme. Aktuelle Diskussionen über eine Verlängerung der Lebensarbeitszeit sind längst Vorboten und Indikatoren u. a. dieser Entwicklung.

2) Regionale Entwicklung

Die zunehmende Verstädterung hat bei einer Zentralisierung unterschiedlicher Dienstleistungen Folgen für ländliche Regionen: eingeschränkte (medizinische) Versorgungsstrukturen, längere Wege zu Geschäften, Arztpraxen, Krankenhäuser etc. Durch die Ost-West-Wanderungen nach 1990, von denen v. a. jüngere Familienmitglieder betroffen waren, sind die familiären Kontakte zwischen den Generationen erschwert worden. Dies wirkt sich nachteilig auf Alter(n) als Lebensform in strukturschwachen ländlichen Gebieten aus. Eine weitere Form räumlicher Veränderungen betrifft Wanderungen älterer, insbesondere wohlhabender Menschen, die ihren Lebensraum im Ruhestand in für ihre Gesundheit vorteilhaftere Regionen verlagern, z.B. ans Meer, nach Bayern oder in den Süden (z.B. Mallorca). Hier sind unter Umständen positive Auswirkungen auf die Lebensform Alter(n) zu erwarten.

3) Normensystem, Verhältnis ‚Jung – Alt‘, politische Entwicklung

Durch eine Entwicklung des gesellschaftlichen Normensystems hat sich die Sicht auf Alter(n) mit Auswirkungen auf die Lebensform älterer Menschen gewandelt. Die relative und absolute Zunahme von Menschen höheren Alters wird – wie bereits erwähnt – kontrovers diskutiert: Alte Menschen werden wahlweise als Last bzw. Ressource gesehen. Verbunden sind damit Urteile jüngerer Generationen, es entstehen Vorurteile und Ageism, die das Leben im Alter erschweren (können). Vor allem in den Medien wird seit Jahrzehnten von einem Generationenkonflikt, zeitweise sogar von einem ‚Krieg der Generationen‘ gesprochen, und es werden schwerwiegende Folgen für den gesellschaftlichen Frieden beschworen.

Die (empirische) Realität dagegen sieht anders aus. Es bestehen zwar (gesellschaftliche) Interessenkonflikte zwischen Jung und Alt hinsichtlich der Verteilung knapper sozialer Ressourcen und Leistungen, wie z.B. zwischen (jüngeren) Beitragszahlern in die Rentenversicherungen und den Beziehern von Renten nach dem ‚Umlageverfahren‘. Empirische Untersuchungen zeigen allerdings, dass das Verhältnis auf der Ebene der Beziehungen familiärer Generationen noch nie so gut war wie heute, Fürsorge und gegenseitige Unterstützung sehr entwickelt sind, auch wenn die räumliche Nähe des Zusammenlebens nicht mehr so ausgeprägt ist wie in früheren Jahrzehnten und ältere Menschen so lange wie möglich unabhängig von der Kindergeneration wohnen möchten.

Das politische Gewicht älterer Wähler hat nicht nur wegen ihrer wachsenden Anzahl zugenommen, diese Gruppe weist auch die höchste Wahlbeteiligung aus. Politische Parteien richten sich daher stärker an deren Interessen aus, haben spezifische AGs in ihren Organisationsstrukturen aufgebaut (z.B. ‚Seniorenunion‘, ‚AG 60 plus‘ etc.). Allgemein hat die Einbindung älterer Menschen in öffentliche Aktivitäten und damit die sogenannte ‚Vergesellschaftung‘ zugenommen. Es gibt vielfältige Möglichkeiten an Mitwirkung bei gemeindenahen und niedrigschwelligen Angeboten, ehrenamtliches Engagement wird seit mehreren Jahrzehnten gefördert und zunehmend wahrgenommen (wie z.B. der ‚Freiwilligensurvey‘ zeigt). Allerdings nehmen alle Aktivitäten in höherem Alter ab.

4) Familienbeziehungen, soziale Beziehungen, Unterstützungsleistungen

Familienbeziehungen und -strukturen unterliegen seit Jahrzehnten einem Wandel: Die ‚klassische‘ Familienform Vater-Mutter-Kind(er) wurde durch eine Reihe ‚alternativer‘ Lebens- und Partnerschaftsform ergänzt. Durch Scheidungen/Trennungen, Wiederverheiratung bzw. neue Partnerschaften haben sich familiäre Konstellationen ergeben, die auch zu teilweise veränderten Lebensformen im Alter(n) führten. Die seit den 1960er Jahren sich verringernde Kinderzahl und regionale Distanzen zwischen den Generationen haben die Familienbeziehungen erschwert, wenn auch die Qualität der Beziehungen sich im Durchschnitt verbessert hat. Der demographische Wandel hat zu einer Reduzierung des familiären Pflegepotenzials geführt. Trotzdem werden heute noch immer zwei Drittel aller Pflegebedürftigen in der häuslichen Umgebung – meist von Partnerinnen oder Töchtern – betreut, häufig mit Unterstützung ambulanter Dienstleistungen.

Alleinleben im Alter betrifft vor allem Frauen, die eine durchschnittlich höhere Lebenserwartung als ihre Partner aufweisen. Auch ein steigender Anteil an Singles in den ins Alter nachwachsenden Generationen stärkt diesen Trend, während gleichzeitig die Zahl unverheirateter Partnerschaften im Alter steigt. Allgemein gilt: Über 65-jährige Männer leben überwiegend in Zweipersonenhaushalten, gleichaltrige Frauen eher in Haushalten mit einer Person. Während Familienbeziehungen im Alter meist stabil bleiben, verringern sich nichtfamiliale soziale Beziehungen, in vielen Fällen schwindet der Kontakt zu Freunden, Bekannten und ehemaligen Arbeitskollegen bzw. Arbeitskolleginnen. Im hohen Alter wird oft das ‚Wegsterben' von Freunden und Bekannten beklagt, die sozialen Räume werden immer enger. Hinzu kommt ein tendenzielles ‚Schwinden' nachbarschaftlicher Beziehungen und Unterstützungsleistungen, allerdings bei deutlichen Stadt-Land-Differenzen (auf dem Land eher weniger).

5) Technologische Entwicklung, Ökonomie, Erwerbsformen, Arbeitsmarkt, Arbeitseinkommen

Immer bedeutsamer werden die Folgen der technologischen Entwicklung und Digitalisierung für Ältere, sowohl in belastender wie in unterstützender Form (,Fluch und Segen'). Anforderungen ergeben sich hinsichtlich beruflicher Qualifikation älterer, immer länger berufstätiger Erwerbspersonen, auch der Umgang mit Technik im Alltag stellt für diese Personengruppe manche Herausforderung dar. Positiv auf Alter(n) als Lebensform wirkt eine wachsende Zahl technologischer Unterstützungssysteme, die eine längere Selbständigkeit – und einen längeren Verbleib in den eigenen vier Wänden – v. a. Hochaltriger ermöglichen.

Mit der ökonomischen Entwicklung der Volkswirtschaft sind Auswirkungen auf Finanzierung des Sozialstaates – und damit auf die Alterseinkommen – verbunden. Der gesellschaftliche Strukturwandel hat zu veränderten Erwerbsformen und Berufsverläufen geführt: Qualifizierungsanforderungen, häufiger Wechsel der Beschäftigung und Arbeitgeber, Zunahme prekärer Beschäftigung u. a. wirken sich v. a. auf die materielle Lebenslage der nachwachsenden Altersgeneration aus. Die Renteneinkommen der Zukunft können durch sinkende Rentenanwartschaften gefährdet sein, was mit einem größeren Anteil von Armut im Alter einhergehen dürfte.

6) System sozialer Sicherung: Rente, Pflege

Zu diesen Risiken des Strukturwandels tragen auch Veränderungen des Rentensystems bei: Die Absenkung der Rentenhöhe aus der Gesetzlichen Rentenversicherung

und der Ausbau einer privaten Absicherung im Alter, z. B.
durch Riester-Rente, Rürup-Rente etc.). Da die Möglichkeiten der privaten Vorsorge sozialstrukturell verschieden
verteilt sind, dürften geringer verdienende Personen
materiell im Alter eher benachteiligt sein. Die aktuelle
Diskussion und politische Entscheidung zur ‚Grundrente'
gewinnen in diesem Zusammenhang zukünftig größere
Relevanz, ebenso die Diskussion einer Erhöhung des
Renteneintrittsalters zur Stabilisierung der zukünftigen
Finanzierung der Rentenversicherung.

Mit dem sich im demographischen und gesellschaftlichen Strukturwandel ergebenden zunehmenden
Pflege- und Unterstützungsbedarf im Alter gewinnt die
Finanzierung der Pflege und der Ausbau der Pflegeversicherung an Bedeutung. Die Bedingungen privater und
institutioneller Pflege haben einen entscheidenden Einfluss auf die Lebensbedingungen und Lebensform v. a.
hochaltriger Menschen.

7) Wohnen – Wohnumwelt, Institutionen der Altenhilfe

Je älter Menschen werden, umso bedeutender wird für
sie als Lebensumfeld der eigene Wohnraum. Der Trend
geht zu einem immer längeren Verbleib in den eigenen
vier Wänden, der durch altersgerechtes Wohnen, z. B.
durch Wohnraumanpassung, besser ermöglicht wird.
Ambulante Dienste, insbesondere der Pflege oder auch
Tageskliniken, haben zu dieser Entwicklung beigetragen. Wohneigentum vermittelt dazu mehr Sicherheit,
während Mietverhältnisse wegen rasch steigender Wohn-
kosten, v. a. in Ballungsräumen, gerade für ältere Mieter
mit geringen Alterseinkommen zu Unsicherheit, eventuell

sogar zu einem erzwungenen Umzug führen können – mit weitreichenden Folgen für die Lebenslage. In ländlichen Gegenden existiert deutlich mehr Wohneigentum von älteren Menschen als in den Städten.

Die ‚Lebensform Altern' kann ebenso von Veränderungen der Wohnumwelt, von Einschränkungen in der Versorgung mit Konsum- und medizinischen Angeboten beeinträchtigt werden – ein Problem v. a. in ländlichen Strukturen. Städtebauliche Hindernisse, Verkehrseinschränkungen, fehlendes Grün, unzureichender öffentlicher Nahverkehr und andere Bewegungshemmnisse erschweren zudem Möglichkeit zu sozialen Kontakten und aktiver Nutzung der Wohnumwelt. Altentages- und Begegnungsstätten sowie niedrigschwellige soziale Angebote tragen dagegen zu einer besseren gesellschaftlichen Einbindung im höheren Alter bei.

Durch längeren Verbleib in den eigenen vier Wänden hat sich das durchschnittliche Alter der Bewohner/innen institutioneller Wohneinrichtungen (‚Altersheime') auf inzwischen über achtzig Jahre deutlich erhöht. Der Anteil an Pflegeeinrichtungen ist im Vergleich zum reinen Wohnen in Heimen ständig gewachsen. Daher steht die Qualität der Pflege im Vordergrund. Der zunehmende Mangel an Pflegekräften und die Überforderung des vorhandenen Personals sind Merkmale einer problematischen Entwicklung, von denen auch Einrichtungen der Diakonie nicht ausgenommen sind.

IV. Wege in die Zukunft

Politische Philosophie des Lebens und Alterns
in Zukunft

Wie sind die neuen Formen alternder Gesellschaften gestaltbar? Anzusetzen ist z. B. an den Arbeits- und Lebensbedingungen während des gesamten erwachsenen Lebens.
Dabei geht es um eine bewusste und gezielte Veränderung
der Struktur des Lebens(ver)laufs: So sind die Arbeitsbedingungen hinsichtlich Belastungen, der zeitlichen
Gestaltung und der Verteilung von Erwerbs-, Familien-
und ehrenamtlicher Arbeit – auch zwischen den Geschlechtern – neu zu ordnen, um zu verbesserten Lebensbedingungen mit lebenszeitlichen Auswirkungen bis
ins hohe Alter zu gelangen. Die Solidarität innerhalb
der Gesellschaft und zwischen den Generationen ist zu
stärken, um z. B. ‚Careing' in Formen neuer Subsidia-
rität – unter Berücksichtigung sozialer Disparitäten – zu
ermöglichen.

Möglich werden entsprechende Entwicklungen durch
Veränderungen der sozialen Strukturen der Gesellschaft
mittels einer menschengerechten Sozial- und Gesell-
schaftspolitik. Diese muss sich zum Ziel setzen, be-
stehende Ungleichheiten und Diskriminierungen nach
sozialen Klassen, Geschlechtern, Kohorten, nach Alter
und Generationen abzubauen und letztlich entsprechende
Entwicklungen zu verhindern – vor allem auch mit Bezug
auf Soziale Sicherheit und Menschenwürde.

Eine Gesellschaft sozial balancierter Langlebigkeit hat
von neuen Formen der Vergesellschaftung älterer und
alter Menschen, von Alter und Altern während des Le-

bens(ver)laufs auszugehen. Eine veränderte Gestaltung der Sozialstruktur, die sich auch auf die Gestaltung der Infrastruktur, z. B. im Bereich der ‚Sorgearbeit' als Wandel subsidiärer Systeme, auswirkt, wird Solidarität und Gemeinschaft in einer Gesellschaft mit sozial balancierter Langlebigkeit stärken.

Aktuelle Herausforderungen

Der gesellschaftliche Strukturwandel mit Folgen für die Gesellschaft und die Individuen – und damit auch für die „Lebensform Altern" – erfordert vordringlich Entwicklung in folgenden Bereichen:

- Soziale Sicherungssysteme, die Alterssicherung heutiger und zukünftiger Generationen: Generationenvertrag und Generationengerechtigkeit, auch die Verhinderung einer drohenden Zunahme von Altersarmut
- Erwerbsarbeit der Zukunft, Auswirkungen des gesellschaftlichen und technologischen Wandels auf den Teilbereich der Beschäftigung, Strukturwandel älterer Arbeitnehmerinnen und Arbeitnehmer, v. a. bei verlängerter Lebensarbeitszeit
- Regionale Folgen der alternden Gesellschaft, wirtschaftliche Zentralisierung, Verstädterung, regionale Ungleichgewichte der Infrastruktur

Darüber hinaus sind auch die übrigen, vom gesellschaftlichen Strukturwandel betroffenen Teilbereiche nicht aus den Augen zu verlieren, da sie jeweils spezifisch und auch in Wechselwirkung das Altern und das Leben im Alter prägen.

V. Fazit

Als Fazit der dargestellten gesellschaftlichen und individuellen Lebens- und Arbeitsbedingungen lässt sich festhalten: ‚Altern als Lebensform' ist weitgehend gesellschaftlich bedingt und individuell geformt. Altern ist und geschieht differenziell und sozialstrukturell ungleich: Es gibt nicht *die* Lebensform, sondern eine Vielzahl unterschiedliche Ausprägungen, abhängig von der materiellen und immateriellen Lebenslage der Betroffenen, die als Ergebnis lebenszeitlicher, biographischer Voraussetzungen und Entwicklungen zu sehen sind. Sie sind geprägt u. a. von der sozialen Herkunft, von Bildungsmöglichkeiten, vom früheren Beruf, vom Einkommen im Alter, vom Gesundheitszustand, familiären und weiteren sozialen Beziehungen, von Geschlecht und Ethnie, vom Wohnen und der Region als Lebensraum.

Alle diese Merkmale und Entwicklungen sind zu beachten, wenn ältere und alte Menschen in den Fokus intermediärer Organisationen – wie der Diakonie – gelangen. Es sind dann nicht die ‚Alten', sondern Menschen mit zum Teil sehr verschieden Voraussetzungen für ‚Altern als Lebensform'.

„Sich vom Antlitz des Anderen berühren lassen"

Alter zwischen Entwicklungsmöglichkeiten und Entwicklungsgrenzen, zwischen Reife und Verletzlichkeit

Andreas Kruse

I. Einführung: Der Dienst am Anderen

In seiner Schrift *Entre nous. Essais sur le penser-à-l'autre* arbeitet Emmanuel Lévinas das Konzept ‚des Anderen' heraus. Die zentrale Stellung des Subjekts ist, wie Lévinas hervorhebt, zugunsten des unbedingten Anspruchs ‚des Anderen' aufzugeben. Bevor ich zu mir selbst komme, steht mir ‚der Andere' gegenüber; diesem kommt die Qualität der unbedingten ‚vorausgehenden Verpflichtung' zu. Dieser unbedingten Inanspruchnahme durch den Anderen ist das Subjekt „unterworfen", weswegen Emmanuel Lévinas den lateinischen Begriff *subjectum* im Sinne von *subjactum* – nämlich ‚unterworfen' – übersetzt. Dabei ist zu bedenken: Wie ‚der Andere' einen unbedingten Anspruch an mich richtet, so richte ich einen unbedingten Anspruch an ihn. Und: Durch ‚den Anderen' komme ich mehr und mehr zu mir selbst. Dabei wird die Beziehung zwischen ‚dem Anderen' und dem Subjekt in

den Kontext einer Verantwortungsethik gestellt. So ist in
der genannten Schrift zu lesen:

„Die Nähe des Nächsten ist die Verantwortung des Ich für einen
Anderen. Die Verantwortung für den anderen Menschen, die
Unmöglichkeit, ihn im Geheimnis des Todes allein zu lassen, ist
konkret, durch alle Modalitäten des Gebens hindurch der Emp-
fang der höchsten Weihe und Gabe, derjenigen, für den Anderen
zu sterben. Verantwortung ist keine kalt juristische Forderung.
Sie ist die ganze Schwere der Nächstenliebe"[1].

Und an anderer Stelle:

„Von aller Ewigkeit her steht ein Mensch für den anderen
ein. Von Einzigem zu Einzigem. […] Appell des Antlitzes an
den Nächsten, der mit seiner ethischen Dringlichkeit die Verpflichtungen des angerufenen Ich sich selbst gegenüber verschiebt oder beiseite wischt, so dass die Sorge um den Tod des
Anderen für das Ich noch vor seine Sorge um sich treten kann.
Die Eigentlichkeit des Ich wäre somit also dieses Hören des als
erster Gerufenen, die Aufmerksamkeit für den Anderen, ohne
dafür eingesetzt worden zu sein, und damit Treue zu Werten,
ungeachtet der eigenen Sterblichkeit."[2]

Die Verantwortung des Ichs für den Anderen steht hier
im Zentrum, plastisch umschrieben mit dem „Appell des
Antlitzes an den Nächsten". Die Selbstverantwortung –
‚Sorge um sich' – tritt hinter die Mitverantwortung –
‚Sorge um den Anderen'. Daraus lässt sich folgern: Erst in
der Verantwortung für den Anderen (Mitverantwortung)
gelangt das Individuum zu sich selbst, erfährt es sich
selbst. Mit dieser Aussage macht Lévinas einmal mehr
deutlich, dass Menschen ohne eine Kommunikation, in
der sie füreinander Sorge übernehmen, nicht sein können.

Was bedeutet dies für das Alter? Wenn man davon aus-
geht, dass gerade im hohen Alter die Wahrscheinlichkeit
erkennbar zunimmt, nahestehende Menschen – die in der

Terminologie von Herbert Plessner auch als ‚Stabilisatoren'
zu begreifen sind – zu verlieren, dann lässt sich feststellen:
Im hohen Alter verliert die Thematik der Mitverantwortung *nicht* an subjektiver Bedeutung, sondern – im
Gegenteil – sie *gewinnt* sogar noch an Bedeutung und
wird damit in besonderer Weise thematisch. Für diese
Annahme spricht, dass sich Möglichkeiten der Verant-
wortungsübernahme in sozialen Beziehungen im hohen
Alter nicht mehr in der Selbstverständlichkeit bieten, wie
dies in früheren Lebensjahren der Fall ist.

II. Altern: Definition

Zunächst sei eine Definition von Altern versucht, in
der die Kontinuität der individuellen Entwicklung im
Zentrum steht: ein Merkmal von Entwicklung, das die
Forderung fundiert, die individuelle Entwicklung immer
auch im Kontext der *persönlichen Biografie* zu betrachten.[3] – *Altern* ist ein lebenslanger Veränderungsprozess.
Im biologischen Sinne bezieht sich der Begriff Altern
auf die Tatsache, dass die lebende Substanz über den
gesamten Lebenslauf einer fortschreitenden Wandlung
(Biomorphose) unterworfen ist. Unter Altern ist dabei
jede irreversible Veränderung der lebenden Substanz als
Funktion der Zeit zu verstehen. Hier ist die Frage zu
stellen, ob der Alternsbegriff nicht durch jenen der Entwicklung ersetzt werden kann, wobei Entwicklung sowohl Differenzierung und Kompetenzzuwachs als auch
De-Differenzierung und Kompetenzverluste umfasst. Die
Biomorphose und das dahinter stehende Verständnis von
Altern (oder Entwicklung) lässt sich anhand des in der
römisch-lateinischen Literatur verwendeten Sprachbildes

der ‚Stufenleiter der Natur' (*scala naturae*) veranschau-
lichen: „*Natura non facit saltum*", die Natur kennt keine
Sprünge. Dies heißt, dass die Veränderungen des Organismus und der Persönlichkeit prinzipiell gradueller Natur
sind. Diese graduellen Veränderungen werden nicht nur
in physiologischen, sondern auch in psychologischen
Beiträgen zum Entwicklungsbegriff betont, etwa wenn es
heißt, Entwicklung stelle eine Folge von miteinander zu-
sammenhängenden Veränderungen dar, die verschiedenen
Orten des biographischen Kontinuums zuzuordnen sind.

   Im Kontext einer theoretisch und empirisch fundierten
Untersuchung des Alternsprozesses ist die Differenzierung zwischen physiologisch-biologischem, psychologischem und sozialem Altern wichtig. In diesen Dimensionen finden sich verschiedenartige Entwicklungsprozesse.
In der physiologisch-biologischen Dimension sind Ver-
ringerungen der Anpassungsfähigkeit und Leistungs-
kapazität des Organismus erkennbar, die sich langfristig
in einer erhöhten Verletzlichkeit oder Anfälligkeit des
Menschen für (chronische) Erkrankungen äußern. In der
psychologischen Dimension finden sich sowohl Gewinne
als auch Verluste: Gewinne sind in jenen kognitiven und
emotionalen Bereichen erkennbar, die auf Erfahrung und
Wissen wie auch auf der gelungenen Auseinandersetzung mit Entwicklungsaufgaben und Krisen in früheren
Lebensjahren beruhen. Verluste treten hingegen eher in
Bereichen auf, die in hohem Maße an die Umstellungs-
fähigkeit von Nervenzellverbänden gebunden sind, wie
zum Beispiel das Kurzzeitgedächtnis oder eine hohe Geschwindigkeit im Denken. In der sozialen Dimension
ist mit Alter auf der einen Seite der Verlust bedeutsamer
sozialer Rollen verbunden. Zugleich bedeutet das Aus-

scheiden aus dem Beruf für nicht wenige Menschen eine späte Freiheit, da sie zu diesem Zeitpunkt nicht nur über eine gute Gesundheit, sondern auch über ausreichende materielle Ressourcen verfügen und die Alterssicherung (verglichen mit anderen Ländern, verglichen mit der Sicherung von Kindern) relativ hoch und stabil ist. Die soziale Dimension zeigt aber auch, dass der Einfluss kultureller Deutungen des Alternsprozesses auf den gesellschaftlichen und individuellen Umgang mit Alter hoch ist. Erst allmählich setzt sich in unserer Gesellschaft ein kultureller Entwurf des Alters durch, der die seelisch-geistigen und sozialkommunikativen Stärken älterer Menschen betont und in diesen eine Grundlage für die kreative Lösung von gesellschaftlich relevanten Fragen sieht.

Neben der Differenzierung zwischen physiologisch-biologischem, psychologischem und sozialem Altern ist es wichtig, die positive Beeinflussbarkeit von Entwicklungsprozessen im Alter aufzuzeigen. Die Plastizität körperlicher wie auch seelisch-geistiger Prozesse im Alter wird heute erheblich unterschätzt. Von den tatsächlich erbrachten Leistungen älterer Menschen (Performanz) darf nicht auf die potenziellen Leistungen (Kompetenz) geschlossen werden, wie sich diese unter fördernden, anregenden, herausfordernden Umweltbedingungen ergeben; zudem ist auch im hohen Alter von bestehender Reservekapazität, also der Fähigkeit des Erwerbs neuartiger Strategien und Informationen auszugehen. Die positiven Effekte körperlichen und geistigen Trainings auf die Leistungsfähigkeit im Alter sind empirisch eindrucksvoll dokumentiert; diese sprechen für erhaltene Plastizität und damit für positive Beeinflussbarkeit von Entwicklungsprozessen im hohen Lebensalter.

III. Selbst- und Weltgestaltung als zentrale
Themen des hohen Alters

In der vom Florentiner Gelehrten Pico della Mirandola
im Jahre 1427 verfassten Schrift *De hominis dignitate*
(deutsch: *Über die Würde des Menschen*) – in der Phi-
losophiegeschichte als eine der ersten grundlegenden
Schriften zur Menschenwürde eingeordnet – wird als
ein zentrales Merkmal der Menschenwürde die Fähigkeit
des Individuums zur Selbst- und Weltgestaltung genannt.
Pico leitet diese Schrift mit folgenden Aussagen ein, die
die Fähigkeit zur Selbstgestaltung und Weltgestaltung in
das Zentrum rücken:

„Endlich beschloss der höchste Künstler, dass der, dem er nichts
Eigenes geben konnte, Anteil habe an allem, was die Einzelnen
jeweils für sich gehabt hatten. Also war er zufrieden mit dem
Menschen als Geschöpf von unbestimmter Gestalt, stellte ihn in
die Mitte der Welt und sprach ihn so an: ,Wir haben dir keinen
festen Wohnsitz gegeben, Adam, kein eigenes Aussehen noch
irgendeine besondere Gabe, damit du den Wohnsitz, das Aussehen und die Gaben, die du selbst dir aussersiehst, entsprechend
deinem Wunsch und Entschluss habest und besitzest. Die Natur
der übrigen Geschöpfe ist fest bestimmt und wird innerhalb von
uns vorgeschriebener Gesetze begrenzt. Du sollst dir deine ohne
jede Einschränkung und Enge, nach deinem Ermessen, dem ich
dich anvertraut habe, selber bestimmen. Ich habe dich in die
Mitte der Welt gestellt, damit du dich von dort aus bequemer
umsehen kannst, was es auf der Welt gibt. Weder haben wir dich
himmlisch noch irdisch, weder sterblich noch unsterblich geschaffen, damit du wie dein eigener, in Ehre frei entscheidender,
schöpferischer Bildhauer dich selbst zu der Gestalt ausformst,
die du bevorzugst.“[4]

Diese Würde ist nicht an Eigenschaften, nicht an Leistungen gebunden. Sie ist *a priori* gegeben. Jeder Mensch

hat zudem eine Vorstellung von seiner Würde, das heißt, er stellt implizit oder explizit Kriterien auf, die erfüllt sein müssen, damit ihm das eigene Leben als ein würdevolles erscheint. In dem Beitrag von Pico della Mirandola ist ausdrücklich auch die *Verwirklichung von Würde* angesprochen, das heißt, es wird eine Bedingung genannt, unter der die Würde des Menschen ‚lebendig' wird. Diese Bedingung lautet: die Möglichkeit zur Selbstgestaltung *und* Weltgestaltung.

Die psychologische Betrachtung der Potenziale im hohen Alter führt mich zu einer Verbindung von vier psychologischen Konstrukten, von denen die beiden ersten der Selbst-, die beiden letzten der Weltgestaltung zuzuordnen sind: (1) Introversion mit Introspektion (im Sinne der „vertieften Auseinandersetzung des Menschen mit sich selbst"), (2) Offenheit (im Sinne der „Empfänglichkeit für neue Eindrücke, Erlebnisse und Erkenntnisse, die aus dem Blick auf sich selbst wie auch aus dem Blick auf die umgebende soziale und räumliche Welt erwachsen"), (3) Sorge (im Sinne der „Bereitschaft, sich um andere Menschen, sich um die Welt zu sorgen") und (4) Wissensweitergabe (im Sinne des „Motivs, sich in eine Generationenfolge gestellt zu sehen und durch die Weitergabe von Wissen Kontinuität zu erzeugen und Verantwortung zu übernehmen").[5]

1. Selbstgestaltung

Introversion mit Introspektion: Diese verstehe ich als die vertiefte, konzentrierte Auseinandersetzung des Individuums mit dem eigenen Selbst. Der psychologische Terminus der Introversion mit Introspektion erscheint als besonders geeignet, wenn es darum geht, die innere (psychische) Situation eines alten Menschen genauer zu betrachten. Im Zentrum dieser Betrachtung steht das Selbst, das in der psychologischen Forschung als Zentrum, als Kern der Persönlichkeit betrachtet wird. Das Selbst integriert alle Erlebnisse, Erfahrungen und Erkenntnisse, die das Individuum im Laufe seines Lebens in der Begegnung mit anderen Menschen, in der Auseinandersetzung mit der Welt, aber auch in der Auseinandersetzung mit sich selbst und seiner Biografie gewinnt. In dem Maße nun, in dem Menschen offen sind für neue Erlebnisse, Erfahrungen und Erkenntnisse, entwickelt sich auch das Selbst weiter: Dieses zeigt sich gerade in der Verarbeitung neuer Erlebnisse, Erfahrungen und Erkenntnisse in seiner ganzen Dynamik, in seiner (schöpferischen) Veränderungskapazität. Das Konstrukt der Introversion mit Introspektion wird hier verwendet, um die besondere Sensibilität alter Menschen für alle Prozesse zu umschreiben, die sich in ihrem Selbst abspielen. – Neben den Erlebnissen, Erfahrungen und Erkenntnissen, die in der Begegnung mit anderen Menschen und in der Auseinandersetzung mit der Welt gewonnen werden, spielt hier zunächst der Lebensrückblick – der in der Theorie von Erik Homburger Erikson[6] einen bedeutenden Teil der Ich-Integrität im Alter bildet – eine wichtige Rolle. Dieser Lebensrückblick betrifft in zentraler Weise das Selbst: Inwieweit werden dem Individuum bei dieser ‚Spurensuche‘ noch einmal Aspekte seines Selbst bewusst, die dieses aus heutiger Sicht positiv bewertet, inwieweit Aspekte des Selbst, die dieses eher negativ bewertet? Inwieweit gelingt es dem Individuum trotz negativer Bewertungen, ‚sich selbst Freund zu sein‘, die eigene Biografie in ihren Höhen und Tiefen als etwas anzunehmen, das in ebendieser Gestalt stimmig, sinnerfüllt, notwendig war, inwieweit kann das Individuum sich selbst, aber auch anderen Menschen im Rückblick vergeben? – Zudem stößt die begrenzte Lebenszeit Prozesse der Introversion mit Introspektion an: In der Literatur wird auch von „Memento mori-Effekten" gesprochen[7], womit Einflüsse der erlebten Nähe zum Tod auf das Selbst gemeint sind. Im Zentrum stehen eine umfassendere Weltsicht und eine damit einhergehende Ausweitung des persönlich bedeutsamen Themenspektrums, weiterhin eine gelassenere Lebenseinstellung, begleitet von einer abnehmenden Intensität von Emotionen wie Ärger, Trauer, Reue und Freude. Zudem treten Spiritualität, Altruismus und Dankbarkeit stärker in das Zentrum des Erlebens.[8]

Schließlich gewinnen *Grenzsituationen* große Bedeutung für Prozesse der Introversion mit Introspektion. Mit Grenzsituationen umschreibt Karl Jaspers[9] jene Situationen, die wir durch unser eigenes Handeln nicht verändern, sondern allein durch unsere Existenz zur Klarheit bringen können. „Durch unsere Existenz zur Klarheit bringen"[10]: Damit spricht Karl Jaspers – interpretieren wir ihn eher psychologisch – Prozesse der inneren, also seelisch-geistigen Auseinandersetzung oder eben der Introversion mit Introspektion an, die darauf zielen, die erlebten Grenzen – so zum Beispiel chronische Erkrankungen, zunehmende Gebrechlichkeit, Verlust nahestehender Menschen, begrenzte Lebenszeit – innerlich zu verarbeiten, sie zu einem Teil des bewusst gestalteten und in seinen Höhen wie Tiefen angenommenen Lebens werden zu lassen. Die Tatsache, dass in und durch Grenzsituationen Prozesse der Introversion mit Introspektion angestoßen werden,

deutet darauf hin, dass Grenzsituationen durchaus das
Potenzial besitzen, das Individuum – bei aller Belastung
und Schwere, die dieses fühlt – mehr und mehr zum
Zentrum der eigenen Persönlichkeit, also zum Selbst,
zu führen. Damit können auch bewusst herbeigeführte
Entscheidungen *für* das Leben – im Sinne des von Viktor
Frankl gewählten Buchtitels: *Trotzdem Ja zum Leben
sagen*[11] – begünstigt werden.

Offenheit: Die konzentrierte, vertiefte Auseinandersetzung mit sich selbst wird durch die Offenheit des Individuums für neue Eindrücke, Erlebnisse und Erkenntnisse gefördert. Offenheit wird in der psychologischen
Literatur auch mit dem Begriff der „kathektischen Fle-
xibilität"[12] umschrieben, was bedeutet, dass auch *neue*
Lebensbereiche emotional und geistig besetzt und damit
subjektiv thematisch werden. Mit Blick auf das hohe
Alter misst ja der Psychologe Robert Peck dem Abzug
der seelisch-geistigen Energie von körperlichen Prozessen
und deren Hinwendung zu psychischen Prozessen große
Bedeutung bei; weiterhin dem Abzug der seelisch-geistigen Energie vom eigenen Ich und deren Hinwendung
zu dem, was dieses Ich materiell und ideell umgibt: der
natürlichen, kulturell und sozial geformten Welt, dem
Kosmos, der gesamten Schöpfung. Dies aber bedeutet,
dass das Individuum *empfänglich*, *offen* für neue Erlebnisse, Erfahrungen und Erkenntnisse ist, dass es den
„fließenden Charakter", mithin die Dynamik des Selbst
nicht blockiert, sondern dass es sich vielmehr ganz auf
diese einlässt und damit auch etwas Neues hervorbringt,
schöpferisch lebt[13]. – Wir verdanken Friedrich Nietzsche (1844–1900) – nämlich seiner 1878 anlässlich des
100. Todestages Voltaires erschienenen Schrift *Mensch-*

liches, Allzumenschliches – ein Buch für freie Geister ein bemerkenswertes Zitat, das den fließenden Charakter des Selbst, das schöpferische Leben anschaulich umschreibt:

„Wer nur einigermaßen zur Freiheit der Vernunft gekommen ist, kann sich auf Erden nicht anders fühlen denn als Wanderer – wenn auch nicht als Reisender nach einem letzten Ziele: denn dieses gibt es nicht. Wohl aber will er zusehen und die Augen dafür offen haben, was alles in der Welt eigentlich vorgeht; deshalb darf er sein Herz nicht allzu fest an alles einzelne anhängen; es muss in ihm selber etwas Wanderndes sein, das seine Freude an dem Wechsel und der Vergänglichkeit habe."[14]

Das Potenzial zur Selbstgestaltung ist nicht ab einem gewissen Alter abgeschlossen, sondern besteht – sofern nicht schwere Krankheiten dieses Potenzial zunichtemachen – bis zum Ende des Lebens: aus diesem Grunde ich auch vom Potenzial zur Selbstgestaltung *im Prozess des Sterbens* ausgehe (sofern die körperliche und psychische Gesundheit dies zulässt), aus diesem Grunde ich die entscheidende Aufgabe der palliativen Versorgung darin erkenne, Symptome soweit zu lindern, dass sich Menschen bewusst auf ihr Sterben einstellen und einlassen können.

2. Weltgestaltung

Sorge: Sorge beschreibt die erlebte und praktizierte Mitverantwortung für andere Menschen und das damit verbundene Bedürfnis, etwas für andere Menschen zu tun, deren Entwicklung und Lebensqualität zu fördern. Dieser Aspekt von Sorge wird auch mit dem psychologischen Konstrukt der *Generativität* angesprochen, ja, er ist geradezu für dieses Konstrukt konstitutiv. Sorge meint zudem nicht nur die von einem Menschen ausgehende, praktizierte Sorge, sondern auch die Sorge, die er *von anderen erfährt*. Dabei ist auch mit Blick auf Sorgebeziehungen im hohen Alter hervorzuheben, wie wichtig ein *Geben und Nehmen* von Hilfe und Unterstützung für die Akzeptanz erfahrener Sorge ist. Die fehlende Möglichkeit, die empfangene Sorge zu erwidern, macht es schwer, Sorge anzunehmen. Dieser Aspekt gewinnt besondere Bedeutung in Phasen erhöhter Verletzlichkeit. Gerade in solchen Phasen sind Menschen sensibel dafür, ob sie primär als Hilfeempfangende wahrgenommen und angesprochen werden, oder ob sie auch in ihrer Kompetenz, selbst Hilfe und Unterstützung zu leisten, ernst genommen werden. Zugleich ist im thematischen Kontext von Sorge immer mitzudenken, wie wichtig es ist, dass das Individuum rechtzeitig lernt, Hilfe und Unterstützung, die objektiv nötig sind, bewusst anzunehmen. – Vor dem Hintergrund dieses Verständnisses von Sorge wird auch deutlich, was mit Sorge *nicht* gemeint ist: das Umsorgt-Werden von anderen Menschen, das Umsorgen anderer Menschen. Nicht selten tendieren wir dazu, Sorge mit Umsorgt-Werden oder Umsorgen gleichzusetzen. Dieses enge Verständnis von Sorge greift zu kurz. Sorge ist sehr viel weiter zu fassen: Sie meint die freundschaftliche Hinwendung zum Menschen, die freundschaftliche Hinwendung zur Welt – und dies in einer Haltung der Mitverantwortung (für den Mitmenschen wie auch für die Welt) und dem Bedürfnis nach aktiver Mitgestaltung (der Beziehungen, der Welt). Dies übrigens ist auch ein Grund dafür, warum in meinen Überlegungen nicht nur die Selbstgestaltung im Zentrum steht, sondern auch die Weltgestaltung – beide Orientierungspunkte (das Selbst, die Welt) finden hier ausdrücklich Berücksichtigung.

Mit dem Konstrukt der Sorge ist nicht allein das Wohl *einzelner* Menschen angesprochen, für die das Individuum Mitverantwortung übernimmt, sondern auch das Wohl der *Welt*. Damit tritt die ‚politische' Dimension in das Zentrum meiner Argumentation. Mit dem politischen (und nicht nur psychologischen) Verständnis von Sorge folge ich den politikwissenschaftlichen Beiträgen von Hannah Arendt[15], die ausdrücklich von der „Liebe zur Welt" (*Amor mundi*) spricht und diese als einen wichtigen Grund für ihre Arbeit an einer politischen Theorie nennt – so lesen wir in einem ihrer Briefe an Karl Jaspers. Die Liebe zur Welt führt nach Hannah Arendt zur „Sorge um die Welt", die den Kern, den „Mittelpunkt der Politik" bildet. Hannah Arendt löst ihre Deutung von „Welt" nie vom „Menschlichen" ab. Wenn sie von „Welt" spricht, so orientiert sie sich grundsätzlich am Menschlichen – nämlich an einem öffentlichen Raum, in dem sich das „Zwischen den Menschen" entfalten kann, in dem sich Menschen in Wort und Tat begegnen, die Gestaltung der Welt als eine *gemeinsam* zu lösende Aufgabe begreifen. Und Hannah Arendt geht noch weiter: Ihr Verständnis von Politik orientiert sich auch an dem Wesen der Freundschaft.[16] Inwiefern? Sie hebt hervor, dass das Schließen von Freundschaften keinem äußeren Zweck geschuldet ist, sondern dass dieses hervorgeht aus der Erfahrung des „Zwischen", in dem sich Menschen im Vertrauen darauf zeigen und aus der Hand geben können, dass sie in ihrer Unverwechselbarkeit erkannt und angenommen werden – dieses Vertrauen ist dabei entscheidend für die Initiative, für den Neubeginn, für die Gebürtlichkeit (Natalität) des Menschen.

Wissensweitergabe: Fortwirken des Individuums in nachfolgenden Generationen. Dieses Fortwirken vollzieht sich auch auf dem Wege materieller und ideeller Produkte, die das Individuum erzeugt und mit denen es einen Beitrag zum Fortbestand und zur Fortentwicklung der Welt leistet. So sehr eine Person in der Erinnerung an das gesprochene Wort und die einmalige Gebärde fortlebt, so sehr Begegnungen mit dieser in uns emotional und geistig fortwirken, so wichtig ist es auch, die materiellen und ideellen Produkte im Auge zu haben, die sich nicht notwendigerweise unmittelbaren Begegnungen mit nachfolgenden Generationen verdanken, sondern die in Verantwortung vor der Welt und für die Welt entstanden sind. Auch diese Produkte hat Hannah Arendt im Auge, wenn sie von symbolischer Unsterblichkeit spricht. Dabei bindet sie diese symbolische Immortalität an die höchste Form der Vita activa, nämlich an das Handeln – also an den Austausch zwischen Menschen in Wort und Tat – sowie an die Verwirklichung „des Politischen" im Menschen. Dies legt folgende Deutung nahe: Es geht hier um Werke, die (auch) aus einer Verantwortung gegenüber der Welt entstanden sind, mit denen bewusst zum Fortbestand und zur Fortentwicklung der Welt beigetragen werden soll.

Wenn von „Welt" gesprochen wird, so sind damit die unterschiedlichsten Bereiche des öffentlichen Raums gemeint. Um ein Beispiel zu geben: Wenn jemand in einem Verein wirkt, und dies aus der Überzeugung heraus, mit dem Aufbau und der Weiterentwicklung einer lebendigen Organisation etwas zum Gemeinwohl heute und in Zukunft – auch nach Übergabe seiner Verantwortung an andere Menschen, auch nach seinem Tod – zu leisten, so hat er etwas geschaffen, was zum Fortbestand und zur Fortentwicklung der Welt beitragen soll, und zwar über sein Leben, über seine Generation hinaus. Diese Person lebt in der ‚Vereinsgeschichte' fort; bei einem Rückblick auf diese Geschichte, bei der Suche nach ‚Spuren', die einzelne Personen hinterlassen haben, wird auch deren Leistung erkannt und gewürdigt werden. Das Handeln als höchste Form der Vita activa beschränkt sich also nicht allein auf den *unmittelbaren*, konkreten Austausch mit Menschen. Wir treten auch in unseren Gedanken in einen – vielleicht ‚virtuell' zu nennenden – Austausch mit Menschen, die wir kannten (und die heute nicht mehr leben), die wir kennen (denen wir aber gegenwärtig nicht unmittelbar begegnen können) und die wir noch nicht kennen, ja, niemals kennenlernen werden: Damit ist in besonderer Weise die ‚geistige' Dimension der Vita activa, des ‚gemeinsamen' Handelns (als eines Konstituens der Vita activa) und des Politischen (als der Umschreibung von gemeinsam geteilter Verantwortung vor der Welt und für die Welt) angesprochen.

IV. Verletzlichkeit

Allerdings darf gerade mit Blick auf die Verletzlichkeit des alten Menschen nicht übersehen werden, dass sich im Falle körperlicher, möglicherweise auch kognitiver und sozialer Verluste Auswirkungen auf den Grad und die Art der Offenheit ergeben. Die Fähigkeit, sich auf sich selbst zu besinnen, sich konzentriert dem eigenen Selbst zuzuwenden und damit Entwicklungsprozesse des Selbst anzustoßen, ebenso wie die Fähigkeit und Bereitschaft, sich auf die Welt zu konzentrieren, diese in ihrer anregenden, motivierenden und unterstützenden

Qualität wahrzunehmen und zu nutzen, kann in Phasen vermehrten Schmerzerlebens, in Phasen vermehrter funktionaler Beeinträchtigung, in Phasen verstärkter Einsamkeit erkennbar zurückgehen. Dabei darf nicht übersehen werden, dass es sich hier vielfach um *Phasen* des Rückzugs von der Welt, um *Phasen* der subjektiven Entfremdung (‚Ich finde mich nicht mehr‘, ‚Ich kann mich selbst nicht mehr erkennen‘, ‚Ich bin mir selbst fremd geworden‘) handelt, die wieder einer stärkeren Öffnung nach außen und nach innen weichen, wenn körperliche und kognitive Krankheitssymptome kontrolliert und gelindert werden, vor allem, wenn sich Möglichkeiten eines fruchtbaren, anregenden und motivierenden Austauschs mit anderen Menschen ergeben – auch hier zeigt sich die Notwendigkeit einer wahrhaftigen, offenen und mitfühlenden Kommunikation sehr deutlich.

Wie aber ist Verletzlichkeit im hohen Alter zu verstehen, durch welche Merkmale zeichnet sich diese aus?

Vor dem Hintergrund der mittlerweile umfangreichen empirischen Literatur zum hohen Alter ist davon auszugehen, dass sich im Verlauf des neunten Lebensjahrzehnts der Übergang vom höheren („dritten“) zum hohen („vierten“) Alter allmählich, fließend, *kontinuierlich* vollzieht. Dabei ist das neunte Lebensjahrzehnt nicht als ein Jahrzehnt zu begreifen, in dem körperliche und psychische Erkrankungen notwendigerweise plötzlich, abrupt über das Individuum hereinbrechen.[17] Vielmehr ist im neunten Lebensjahrzehnt eine *graduell* zunehmende Anfälligkeit des Menschen für neue Erkrankungen und funktionelle Einbußen ebenso erkennbar wie die graduelle Zunahme in der Schwere bereits bestehender Erkrankungen und bereits bestehender funktioneller

Einbußen. Damit ist ein wichtiges Merkmal des hohen Alters beschrieben, das auch *im Erleben* der Menschen dominiert: Die allmählich spürbare Zunahme an Krankheitssymptomen, die allmählich spürbaren Einbußen in der körperlichen, zum Teil auch in der kognitiven Leistungsfähigkeit, schließlich die allmählich spürbaren Einschränkungen in alltagsbezogenen Fertigkeiten werden vom Individuum *im Sinne der erhöhten Verletzlichkeit* erlebt und gedeutet. Verletzlichkeit heißt dabei nicht Gebrechlichkeit; letztere ist vielmehr Folge ersterer. Verletzlichkeit lässt sich auch nicht mit den medizinischen Begriffen Multimorbidität und Polysymptomatik angemessen umschreiben. Vielmehr meint Verletzlichkeit eine erhöhte Anfälligkeit und Verwundbarkeit, mithin das deutlichere Hervortreten von Schwächen, meint verringerte Potenziale zur Abwehr, Kompensation und Überwindung dieser körperlichen und kognitiven Schwächen. Die objektiv messbare wie auch die subjektiv erlebte Verletzlichkeit tritt zu *interindividuell unterschiedlichen Zeitpunkten* im neunten Lebensjahrzehnt auf; sie kann sich bei dem einen sogar noch später (also erst im zehnten Lebensjahrzehnt), bei dem anderen sogar noch früher (also schon im achten Lebensjahrzehnt) einstellen. Entscheidend ist, dass im Verlauf des neunten Lebensjahrzehnts bei der Mehrzahl alter Menschen eine derartige erhöhte Verletzlichkeit objektiv nachweisbar ist und subjektiv auch als eine solche empfunden wird.

Mit dem Hinweis auf die *erhöhte* Verletzlichkeit wird angedeutet, dass im hohen Lebensalter ein Merkmal der Conditio humana – nämlich die grundsätzliche Verwundbarkeit[18] – *noch einmal stärker* in das Zentrum tritt, dabei auch in das Zentrum des Erlebens.[19] Mit diesem Hinweis wird die vielfach vorgenommene, strikte Trennung zwischen drittem und viertem Lebensalter relativiert: Es ist nicht so, dass das dritte Lebensalter ganz unter dem Zeichen erhaltener körperlicher, kognitiver und sozioemotionaler Kompetenz, das vierte Lebensalter hingegen ganz unter dem Zeichen verloren gegangener körperlicher, kognitiver und sozioemotionaler Kompetenz (im Sinne eines *modus deficiens*) stünde. Vielmehr finden wir auch im dritten Alter graduelle Verluste und damit allmählich stärker werdende Schwächen, die in summa auf eine erhöhte Verletzlichkeit des Menschen deuten; und im vierten Alter sind vielfach seelische, geistige, sozioemotionale und sozialkommunikative Ressourcen zu beobachten, die das Individuum in die Lage versetzen, ein schöpferisches, persönlich sinnerfülltes und stimmiges Leben zu führen – dies auch in gesundheitlichen Grenzsituationen.

V. Grenzsituationen

Fortsetzen möchte ich mit einer kurzen Reflexion über das Wesen der Grenzsituationen, mich dabei auf die Philosophie Karl Jaspers' beziehend, weil diese Reflexionen schon sehr nahe heranreichen an die für das hohe Alter charakteristische Verbindung von Verletzlichkeit und Reife.

Karl Jaspers beschreibt in seiner Schrift *Philosophie* (1932/1973) Grenzsituationen als Grundsituationen der Existenz, die „mit dem Dasein selbst sind", das heißt, diese Situationen gehören zu unserer Existenz, konstituieren unsere Existenz. Grenzsituationen, wie jene des Leidens, des Verlusts, des Sterbens, haben den Charakter der Endgültigkeit: „Sie sind durch uns nicht zu verändern, sondern nur zur Klarheit zu bringen, ohne sie aus einem anderen erklären und ableiten zu können"[20]. Aufgrund ihrer Endgültigkeit lassen sich Grenzsituationen selbst nicht verändern, sondern vielmehr erfordern sie die Veränderung des Menschen, und zwar im Sinne weiterer Differenzierung seines Erlebens, seiner Erkenntnisse und seines Handelns, durch die er auch zu einer neuen Einstellung zu sich selbst und zu seiner Existenz gelangt:

„Auf Grenzsituationen reagieren wir nicht sinnvoll durch Plan und Berechnung, um sie zu überwinden, sondern durch eine ganz andere Aktivität, das Werden der in uns möglichen Existenz; wir werden wir selbst, indem wir in die Grenzsituationen offenen Auges eintreten"[21].

Das „Eintreten offenen Auges" lässt sich psychologisch im Sinne des reflektierten und verantwortlichen Umgangs interpretieren, also im Sinne der Orientierung des Menschen an Werten, derer er sich bewusst geworden ist – hier findet sich eine Nähe zu dem Begriff der Selbstverantwortung. Die Anforderungen, die Grenzsituationen an den Menschen stellen, sowie die Verwirklichung des Menschen in Grenzsituationen „gehen auf das Ganze der Existenz"[22]. Dabei wird die Verwirklichung in der Grenzsituation auch im Sinne eines „Sprungs" interpretiert, und zwar in der Hinsicht, als das Individuum in der gelingenden Auseinandersetzung mit dieser Situation zu einem vertieften Verständnis seiner selbst gelangt: „Nach dem Sprung ist mein Leben für mich ein anderes als mein Sein, sofern ich nur da bin. Ich sage ‚ich selbst' in einem neuen Sinn"[23].

Der Umgang des Menschen mit Grenzsituationen im Alter – zu nennen sind hier vor allem die erhöhte körperliche Verletzlichkeit, der Verlust nahe stehender Menschen, die Bewusstwerdung eigener Endlichkeit – ist auch in seinem potenziellen Einfluss auf kulturelle Leitbilder gelingenden Lebens zu betrachten: Ältere Menschen können hier bedeutsame Vorbildfunktionen übernehmen – und zwar in der Hinsicht, dass sie nachfolgenden Generationen Einblick in Grenzen des Lebens sowie in die Fähigkeit des Menschen zum reflektierten Umgang mit diesen Grenzen und zur bewussten Annahme der Abhängigkeit von der Hilfe anderer Menschen geben. Diese Aussage findet sich in der philosophischen Theorie des „Alterns als Werden zu sich selbst"[24].

VI. Selbst- und Weltgestaltung im Umgang mit Grenzsituationen

Die Verbindung der unter Selbstgestaltung und Weltgestaltung genannten vier Konstrukte kann auch als psychologischer Hintergrund für die (innere) Verarbeitung und (äußere) Bewältigung von Verletzlichkeit dienen. Das Verständnis dieses Verarbeitungs- und Bewältigungsprozesses darf sich ja nicht alleine darauf beschränken, Bewältigungstechniken zu identifizieren und differenziert zu beschreiben. Für eine tiefere psychologische Analyse ist es vielmehr notwendig, auf empirischer Basis darzulegen, inwieweit sich spezifische Verarbeitungs- und Bewältigungstechniken oder grundlegende Orientierungen im Umgang mit Verlusten und Konflikten mit psychologischen Qualitäten verschmelzen,[25] die sich –

unter günstigen Entwicklungsbedingungen – im Lebenslauf ausbilden und im Alter eine weitere Akzentuierung erfahren.[26] In diesem Kapitel geht es darum, in die vier genannten psychologischen Konstrukte einzuführen und damit den psychologischen Hintergrund zu skizzieren, vor dem der Umgang mit Verletzlichkeit im Alter betrachtet werden soll.

Dass die vier genannten Konstrukte für das vertiefte Verständnis des Umgangs alter Menschen mit Verletzlichkeit hilfreich sein können, geht aus folgender Beobachtung hervor: Die innere Auseinandersetzung mit körperlichen, zum Teil auch kognitiven, zudem mit sozialen Verlusten und begrenzter Lebenszeit wird durch psychische Kräfte und Orientierungen gefördert, die sich in den vier genannten Konstrukten und deren Verbindung widerspiegeln: Die *vermehrte Konzentration auf sich selbst* und der darin zum Vorschein kommende Versuch, das Selbst auch in seiner kontinuierlichen Veränderung (oder Dynamik) zu erfahren, die *Offenheit für Neues* – sowohl in einem selbst wie auch in der (räumlichen, sozialen und kulturellen) Welt, die einen umgibt, die *erlebte und praktizierte Sorge* um bzw. für andere Menschen und die Welt, schließlich die *Bereitschaft, Wissen weiterzugeben* und damit sowohl zur Kontinuität in der Generationenfolge beizutragen als auch die Entwicklung nachfolgender Generationen zu fördern, bilden in ihrer Integration eine bedeutsame psychologische ‚Rahmung' des Umgangs mit eigener Verletzlichkeit. Mit diesen vier psychologischen Konstrukten sind auch seelisch-geistige Bereiche angesprochen, in denen sich alte Menschen weiterentwickeln, in denen sie schöpferische Kräfte zeigen, in denen sie etwas Neues hervorbringen können.[27]

Zudem machen diese Konstrukte deutlich, dass körperliches Altern einerseits, seelisch-geistiges Altern andererseits verschiedenartigen Entwicklungsgesetzen folgen: Das Wesen des Alterns wird nur bei integrierter Betrachtung dieser verschiedenartigen Entwicklungsgesetze (ergänzt um die soziale und die kulturelle Dimension) wirklich erfahrbar. Allerdings ist auch zu bedenken, dass sich die körperliche Dimension sowie die seelisch-geistige Dimension gegenseitig durchdringen: Tiefgreifende körperliche Veränderungen (zu denen auch Veränderungen des Gehirns zu zählen sind) können sich auf die emotionalen, vor allem aber auf die geistigen Prozesse auswirken und potenzielle Entwicklungen im hohen Alter mehr und mehr einengen oder unmöglich machen – man denke hier nur an neurodegenerative oder vaskuläre Hirnprozesse, die ihrerseits das Lern-, Gedächtnis- und Denkvermögen erheblich einschränken, wenn nicht sogar weitgehend zerstören. Umgekehrt zeigt sich immer wieder, dass sich kontinuierliche körperliche Aktivität (Ausdauer, Koordination, Kraft, Beweglichkeit) positiv auf die emotionale Befindlichkeit wie auch auf die kognitive Kompetenz im Alter auswirkt – mittlerweile kann als gesichert angesehen werden, dass kontinuierliche körperliche Aktivität _einen_ Schutzfaktor mit Blick auf die verschiedenen Demenzerkrankungen darstellt. Umgekehrt wirken sich emotionale und geistige Entwicklungsprozesse positiv auf die körperliche Gesundheit, das körperliche Befinden und die körperliche Restitutionsfähigkeit des Individuums aus – darauf weisen empirische Befunde aus psychosomatisch-psychotherapeutischen Interventionsstudien hin. Und auch in der Bewältigungs- und Resilienzforschung lassen sich Belege dafür finden –

diese sind für unsere Argumentation besonders wichtig –, dass die Verwirklichung emotionaler und geistiger Entwicklungspotenziale im hohen Alter dazu beiträgt, dass alte Menschen auch im Falle chronischer Erkrankung erkennbar mehr für ihre Gesundheit tun, dass sie gesundheitliche Einschränkungen besser verarbeiten und bewältigen können, dass ihnen das Alter trotz körperlicher Grenzen als eine Lebensphase erscheint, in der sie immer wieder Phasen des Wohlbefindens, der Stimmigkeit, der Erfüllung und des Glücks erleben können.

Einen Hinweis auf die gelingende Verarbeitung und Bewältigung von Verletzlichkeit gibt uns die positive, von Dankbarkeit und Hoffnung bestimmte Sicht auf die eigene Lebenssituation – eine Haltung, die man durchaus in ‚Konzepte positiver Entwicklung' einordnen kann, wie diese in der psychologischen Theorienbildung erfolgreich entwickelt wurden. Diese Haltung legt die Annahme nahe, dass eine konzentrierte, vertiefte Auseinandersetzung mit dem Selbst stattgefunden hat und noch immer stattfindet, wobei sich diese Auseinandersetzung vor dem Hintergrund der vielfältigen Erlebnisse in der Biografie und in der Gegenwart wie auch der mit der eigenen Endlichkeit assoziierten Gefühle und Gedanken vollzieht (*Introversion mit Introspektion*). Die in der vertieften Auseinandersetzung mit sich selbst zutage geförderten Erfahrungen und Erkenntnisse – die den Kontext von Lebenswissen und Lebenssinn darstellen – können an die nachfolgenden Generationen weitergegeben werden (*Wissensweitergabe*) und bilden zudem ein bedeutsames Fundament von erlebter und praktizierter, freundschaftlich gemeinter *Sorge*. Entscheidend ist dabei die *Offenheit* des Individuums für Prozesse in seinem Selbst

und in seiner räumlichen, sozialen und kulturellen Welt.
Damit ist aber auch die Beschaffenheit dieser Welt angesprochen.

VII. Teilhabe

Gemeint sind damit vor allem die objektiv gegebenen
Möglichkeiten zur Teilhabe, wobei *Teilhabe* – auch in
Anlehnung an Hannah Arendts Konzeption des *Handelns*
als höchster Form der „Vita activa"[28] – im Sinne von
praktizierter Mitverantwortung zu deuten ist. Es geht
nicht nur darum, auf wie viele Kontakte das Individuum
blickt. Es geht auch nicht nur darum, dass es sich sozial
eingebunden fühlt. So wichtig das Erlebnis des Ein-
gebunden-Seins ist, so bedeutsam ist auch die Erfahrung
der Teilhabe. Und diese meint, sich als *aktiver* Teil von
Gemeinschaft zu erleben, nicht nur Sorge zu empfangen,
sondern auch Sorge praktizieren zu können, nicht nur
für sich selbst verantwortlich, sondern auch für andere
Menschen mitverantwortlich zu sein. Das heißt aber auch,
dass räumliche Umwelten möglichst barrierefrei gestaltet
sein müssen (was gerade mit Blick auf die Verletzlichkeit
wichtig ist), damit alte Menschen die Möglichkeit haben,
sich ohne zu große Mühen an Orte zu begeben, an denen
sie sich mit anderen Menschen austauschen können. Das
heißt weiterhin, dass Mehrgenerationenangebote gestärkt
werden, womit sich alten Menschen die Möglichkeit zur
Wissensweitergabe und praktizierten Sorge bietet. Das
heißt schließlich – und damit ist vor allem die soziale und
kulturelle Umweltgestaltung angesprochen –, dass man
alten Menschen offen, vorurteilsfrei, neugierig und damit

motivierend begegnet: Denn nur unter dieser Voraussetzung wird die Initiativebereitschaft des Individuums geweckt, wie Hannah Arendt in ihren Aussagen zum *Handeln* als der höchsten Form der Vita activa deutlich macht.

In der inneren Auseinandersetzung des alten Menschen wird uns auch vor Augen geführt, was es bedeutet, *nicht* im lebendigen Austausch mit anderen Menschen zu stehen, oder in den Worten von Hannah Arendt: sich nicht in der Einzigartigkeit seines Seins mitteilen, sich nicht aus der Hand geben, die soziale Umwelt nicht mitgestalten zu können. *Vereinsamung* ist mit einem deutlich erhöhten Depressionsrisiko verbunden. Es sind zwei psychische Prozesse, die uns diesen Zusammenhang besser verstehen lassen. Zum einen entwickelt sich in der Vereinsamung die Überzeugung, nicht mehr Teil von Gemeinschaft zu sein, ja, von anderen Menschen vergessen worden zu sein. Dieses ‚Aus-der-Welt-Fallen', um hier einen von Else Lasker-Schüler (1869–1945) verwendeten Begriff aufzugreifen, bedeutet im Leben und Erleben des Individuums einen tiefen Einschnitt, der nicht selten in depressive Störungen mündet. (Hier sei auch auf die Gefahr der Wahnbildung im Falle von Vereinsamung im hohen Alter hingewiesen.) Zum anderen ist im Falle des fehlenden Austauschs mit anderen Menschen die vertiefte Auseinandersetzung mit sich selbst blockiert – und damit die Verwirklichung schöpferischer Potenziale. Denn: Eine kontinuierlich geführte Auseinandersetzung mit dem eigenen Selbst ist ohne eine tiefe, wahrhaftig geführte Kommunikation nicht möglich. Zudem schränkt der Mangel an Kommunikation die Möglichkeiten zur Wissensweitergabe (zum Beispiel auf dem Wege des

Geschichtenerzählens, das – im Verständnis von Hannah Arendt – auch immer bedeutet, ,etwas loslassen zu können'), ebenso wie die Möglichkeiten zur Erfahrung einer mit anderen Menschen geteilten Welt und schließlich die Sorge um bzw. für die Welt sowie für andere Menschen erheblich ein.

Mit anderen Worten: Die seelisch-geistige Entwicklung, die seelisch-geistigen Stärken, das schöpferische Leben im Alter ist ohne die *Gestaltung der Welt*, in der alte Menschen leben, gar nicht denkbar. Dabei ist hier nicht allein die Lebenswelt des Individuums angesprochen, sondern auch die *politische Welt* oder der politische Raum. Gemeint ist mit diesem Begriff, dass sich Menschen in ihrer Verschiedenartigkeit, in ihrer Vielfalt zeigen, mithin die Welt aus ganz verschiedenen Perspektiven betrachten können. Gemeint ist mit diesem Begriff weiterhin, dass Menschen Anliegen teilen, dass sie gemeinsam Initiative übernehmen, etwas Neues beginnen, Welt gestalten können. Erst wenn sich Menschen ausdrücklich auch in dieser politischen Dimension angesprochen fühlen, nehmen sie sich als Teil von Welt wahr, für die sie sorgen, die sie mitgestalten wollen und können:

„Handelnd und sprechend offenbaren die Menschen jeweils, wer sie sind, zeigen aktiv die personale Einzigartigkeit ihres Wesens, treten gleichsam auf die Bühne der Welt, auf der sie vorher so nicht sichtbar waren."[29]

Auch in einen solchen thematischen Kontext sind die psychologischen Konstrukte der Sorge und der Wissensweitergabe einzuordnen.

VIII. Älterwerden in Balance:
Gestaltungsmöglichkeiten und -grenzen

Die gerade abgeschlossene Studie ‚Älterwerden in Balance' setzt sich aus acht Studienteilen (A–H) zusammen.
Im Studienteil A standen Interviews und der Einsatz
psychometrischer Instrumente in einer Gruppe von N =
400 Frauen und Männern zwischen 75 und 95 Jahren
im Zentrum. Im Vergleich zur 75-jährigen und älteren
Bevölkerung in Deutschland sind in der Stichprobe
(a) Männer, (b) Personen mit einem Pflegegrad von 2
und höher sowie (c) Heimbewohner und Heimbewohne-
rinnen deutlich überrepräsentiert. Dies erklärt sich daraus,
dass in der Stichprobe *unterschiedliche Lebenswelten*
in ausreichender Anzahl abgebildet werden sollten, um
auf diese Weise Kontraste zwischen Lebenswelten bilden
und auf der Grundlage des Vergleichs der Lebenswelten
differenzierende Aussagen über Gesundheitsförderung
und Prävention treffen zu können. Vor dem Hintergrund
der im Vergleich zu vorliegenden Survey-Untersuchungen
kleinen Stichprobengröße wurde eine derartige Strategie
als eine Voraussetzung für differenzierte Analysen zur
Bedeutung objektiver Lebensbedingungen angesehen.[30]
In den *Interviews* sollten auch die dominanten Anliegen und Daseinsthemen der Studienteilnehmerinnen und
-teilnehmer erfasst werden: Was beschäftigt Frauen und
Männer der Altersgruppe 75 bis 95 Jahre? Von welchen
Freuden, Sorgen und Belastungen ist ihr aktuelles Leben
bestimmt? Wie bewerten sie ihre aktuelle Lebenssituation
und wie blicken sie in die Zukunft? Welche Hoffnungen
und Befürchtungen werden beim Blick in die Zukunft
genannt? Das Interview wurde in aller Regel von zwei

Personen geführt; einem Interviewer / einer Interview-
erin sowie einem Interviewassistenten / einer Interview-
assistentin. Zu Beginn des Interviews wurde der Inter-
viewpartner / die Interviewpartnerin noch einmal über
das Ziel der Studie aufgeklärt: Es gehe in dieser darum,
Informationen über die Lebens- und Alltagsgestaltung im
Alter zu erhalten, über das gesundheitliche Befinden alter
Menschen, über den Umgang mit Anforderungen, Herausforderungen und Belastungen, schließlich über das,
was alte Menschen für ihre körperliche und seelische Gesundheit tun, wie zufrieden sie mit ihrer gesundheitlichen
Versorgung seien. Das Interview wurde halb-strukturiert
geführt; es zentrierte sich um folgende 30 Fragen.

„Daseinsthemen" wurde in dieser Studie im Sinne von
wiederkehrenden Anliegen und Themen, die in den Interviews spontan geäußert und erläutert wurden, ope-
rationalisiert.[31] Die Themen wurden auf einer 3-stufigen
Skala mit den Skalenpunkten: 1 = eher geringe, 2 = mittlere, 3 = eher hohe Ausprägung eingestuft. Grundlage für
die Skalierung bildeten drei Merkmale: [a] Häufigkeit,
mit der das entsprechende Daseinsthema im Interview
spontan genannt wurde; [b] Differenziertheit der Schil-
derung des Daseinsthemas im Interviews (vor allem An-
reicherung mit biografischem Material); (c) emotionale
Intensität, mit der das Daseinsthema geschildert wurde
(im Sinne einer *inneren Beteiligung*). Da N = 358 Interviews von zwei Personen geführt wurden, wurde die Ein-
stufung der einzelnen Daseinsthemen nach Abschluss
des Interviews von beiden Interviewern gemeinsam vor-
genommen; im Falle eines Interviews nur mit einer Person (in N = 42 Fällen) wurde das Interview einer anderen
Person aus der Arbeitsgruppe mit der Bitte vorgestellt, die

vorgenommene Skalierung der Daseinsthemen zu prüfen. (Das Kategoriensystem der Daseinsthemen wurde in einer Pilotstudie mit N = 30 Personen erstellt.) Nachfolgend sind die Mittelwerte [M] und Standardabweichungen [SD] für alle Daseinsthemen angegeben:

Daseinsthema	M	SD
1. Freude an der Natur	2.3	.54
2. Hohes Alter als besondere Herausforderung der Psyche	2.2	.56
3. Freude am Zusammensein mit anderen Menschen	2.2	.60
4. Körperliche Einschränkungen	2.2	.57
5. Erfahrung, von anderen Menschen gebraucht werden	2.2	.72
6. Anderen Menschen etwas geben können	2.2	.72
7. Wachsende Bedeutung des Lebensrückblicks	2.1	.70
8. Eine Aufgabe im Leben haben	2.1	.68
9. Zufriedenstellende/gute (physische/mentale) Gesundheit	2.1	.63
10. Möglichkeiten selbstverantwortlicher Lebensgestaltung/erfüllter Alltag	2.1	.59
11. Belastendes Schmerzerleben[32]	2.0	.84
12. Freude an der Musik/Kunst/Literatur	2.0	.73
13. Glaubens- und Transzendenzerfahrungen	2.0	.70
14. Sorge vor wachsender Einsamkeit	2.0	.62
15. Erfahrung eigener seelisch-geistiger Reifung	1.9	.71
16. Seelisch-geistige Gewinne/seelisch-geistiges Wachstum	1.9	.70
17. Stärkeres Angewiesensein auf Hilfeleistungen durch andere Menschen und Institutionen	1.9	.60
18. Sorge vor ausgeprägten sensorischen Einbußen	1.9	.59
19. Großes Interesse anderer Menschen am hohen Alter	1.9	.60
20. Sorge vor kognitiven Verlusten und abnehmender Orientierung	1.8	.59

Daseinsthema	M	SD
21. Phasen von schmerzlich empfundener Einsamkeit	1.8	.61
22. Leben in der eigenen Wohnung	1.7	.71
23. Stärkeres Angewiesensein auf Beziehungen zu anderen Menschen	1.7	.69
24. Sorge vor Aufgabe der eigenen Wohnung	1.7	.66
25. Erfahrung der Abwertung, Meidung, Geringeschätzung durch andere Menschen	1.4	.56

Zunächst lässt sich auch in dieser Stichprobe die große Bedeutung der *Bezogenheit* – und dabei auch im Sinne der Sorge für andere und um andere Menschen – für das Erleben alter Menschen beobachten: im dritten, vierten und fünften Daseinsthema spiegelt sich die Bezogenheit wider; im vierten und fünften Daseinsthema zugleich die Sorge um bzw. für andere Menschen. Auch das siebte Daseinsthema – eine Aufgabe im Leben haben – spricht für die Sorge um bzw. für andere Menschen (wenn auch nicht ausschließlich), denn in den meisten Interviews wurde die Förderung der Lebenssituation anderer Menschen – dabei ausdrücklich auch junger Menschen – als wichtige Aufgabe im Leben genannt. Dabei konnte diese Förderung auch eher ‚symbolischer' Natur sein: entscheidend war das Motiv erlebter bzw. praktizierter Mitverantwortung *(Weltgestaltung)*. Zur Aufgabe im Leben konnte weiterhin die Aufrechterhaltung von Selbstständigkeit und Gesundheit wie auch von Teilhabe und persönlichen Interessen gehören, was zeigt, wie verschiedenartig und umfassend der Aufgabencharakter des Lebens subjektiv gedeutet wird: mit diesem Thema ist somit die *Integration von Selbst- und Weltgestaltung* angesprochen. – Es finden sich fünf Daseinsthemen (sechstes, elftes, zwölftes, vierzehntes und fünfzehntes Thema), in denen sich eine vermehrte Auseinandersetzung mit dem eigenen Selbst (auch in seiner biografischen Dimension) im Zentrum steht *(Selbstgestaltung)*. Vor allem die Erfahrung seelisch-geistiger Reifung im Alternsprozess, die erlebten seelisch-geistigen Gewinne sowie die wachsende Bedeutung des Lebensrückblicks sprechen für diese Auseinandersetzung. Aber auch Glaubens- und Transzendenzerfahrungen weisen auf diese hin.

Die „Freude an der Natur" weist den höchsten Mittelwert auf; dies zeigt, wie wichtig der Zugang zur Natur auch im Alter ist, wie sehr das Eingebundensein in die Natur das Lebensgefühl vieler Menschen im Alter bestimmt.

Eine ähnlich große Bedeutung wie das Thema „Freude an der Natur" hat in der Gesamtgruppe das „Hohes Alter als besondere Herausforderung für die Psyche". Was ist mit diesem Thema gemeint? Zum einen die Erfahrung erhöhter Verletzlichkeit, die in Themen wie „Belastendes Schmerzerleben", „Sorge vor ausgeprägten sensorischen Einbußen", „Sorge vor kognitiven Verlusten und abnehmender Orientierung", „Vermehrtes Angewiesensein auf Hilfen durch andere Menschen und Institutionen" und „Sorge vor Aufgabe der eigenen Wohnung" (aufgrund von funktionellen Einbußen, müsste hinzugefügt werden) deutlich zum Ausdruck kommt. Zum anderen die schmerzliche Erfahrung von (unfreiwilliger) Einsamkeit und die Sorge vor wachsender Einsamkeit, die sich in entsprechenden Daseinsthemen widerspiegelt. Doch diese beiden Erfahrungen genügen nicht, um aus der Sicht alter Menschen von ‚besonderen Herausforderungen des hohen Alters für die Psyche' zu sprechen. Denn würden sich alte Menschen alleine auf diese beiden Erfahrungen konzentrieren, so müsste ihnen das hohe Alter als eine ,Belastung' erscheinen. Mit „Herausforderung" wird assoziiert, dass das hohe Alter im eigenen Erleben *sowohl* mit Möglichkeiten eines sinnerfüllten Lebens *als auch* mit Verlusten, Einschränkungen und Grenzen verbunden wird. Die Möglichkeiten eines sinnerfüllten Lebens zu nutzen, erfordert aus Sicht vieler alter Menschen, Verluste, Einschränkungen und Grenzen innerlich zu verarbeiten, zu überwinden oder – wie dies Hans-Georg Gadamer einmal ausgedrückt hat[33] – zu „verwinden". Diese seelische (emotionale und kognitive) Aufgabe bildet den Kern der „Herausforderung", von der in den Interviews vielfach gesprochen wurde.

Einflüsse auf den Ausprägungsgrad der Daseinsthemen

Die Standardabweichungen weisen auf eine hohe Heterogenität mit Blick auf die angeführten Daseinsthemen hin: diese finden sich in der Gesamtgruppe in unterschiedlicher Ausprägung. Damit stellte sich in der Studie die Aufgabe der Suche nach jenen Situationsmerkmalen, die Einfluss auf den Ausprägungsgrad der Daseinsthemen ausüben. In univariaten wie auch in multivariaten Analysen schälten sich immer wieder die folgenden drei Einflussgrößen heraus: (a) Soziale Schichtzugehörigkeit, (b) Pflegegrad und (c) Schmerzerleben (das heißt: Einfluss eines Daseinsthemas auf den Ausprägungsgrad anderer Daseinsthemen). In multivariaten Regressionsgleichungen waren es vor allem diese drei Variablen, die jeweils ein vergleichsweise hohes Beta-Gewicht aufwiesen und in ihrer Kombination einen vergleichsweise hohen Anteil an Varianz aufzuklären vermochten. Deutlich geringeren Einfluss wiesen das chronologische Alter sowie die Geschlechtszugehörigkeit auf. Dies bedeutet: Vor allem jene Menschen, die einer unteren Sozialschicht angehörten, bei denen ein höherer Pflegegrad vorlag und für die ‚Schmerz' ein Daseinsthema von mittlerer oder großer persönlicher Bedeutung bildete, zeigten mit signifikant höherer Wahrscheinlichkeit eine daseinsthematische Struktur, die eher von Einschränkungen, Verlusten und Grenzen bestimmt war. Zugleich zeigten diese Personen auch in den von uns eingesetzten Skalen zum Kohärenzgefühl, zur Depressivität, zum Optimismus, zur subjektiven Gesundheit, zur Mitverantwortung, zu den Barrieren der Mitverantwortung sowie zu den seelisch-geistigen Gewinnen (hoch-)signifikant ungünstigere Werte. Vor allem dann, wenn die drei genannten Merkmale *kombiniert* wurden, wies die daseinsthematische Struktur mit deutlich höherer Wahrscheinlichkeit in eine eher negative Richtung.

IX. Abschluss

> „Und dieses Einst, wovon wir träumen,
> es ist noch nirgends, als in unserm Geist –
> wir sind dies Einst, uns selbst vorausgereist
> im Geist, und winken uns von seinen Säumen,
> wie wer sich selber winkt."[34]

In diesem von Christian Morgenstern (1871–1914) verfassten Epigramm drückt sich eine Herausforderung aus, die als charakteristisch für viele Gesellschaften angesehen werden kann: Wir stehen vor der Herausforderung, eine *veränderte Sicht des Alters* zu entwickeln, die auch auf die seelisch-geistigen Kräfte in dieser Lebensphase Bezug nimmt und darstellt, in welcher Weise unsere Gesellschaft von der Nutzung dieser Kräfte profitieren könnte. Bislang stehen eher die negativen Bilder des Alters im Vordergrund des öffentlichen Diskurses: Alter wird primär mit Verlust an Kreativität, Neugierde, Offenheit und Produktivität gleichgesetzt. Dieses einseitige Bild des Alters engt – indem es offene oder verborgene Altersgrenzen fördert – nicht nur die Zukunftsperspektiven älterer Menschen ein, es trägt auch dazu bei, dass die potenziellen Kräfte des Alters gesellschaftlich nicht wirklich genutzt werden: Und dies kann sich gerade eine alternde Gesellschaft nicht leisten.

Zu dieser veränderten Sicht des Alters gehört auch ein differenziertes Menschenbild, ein umfassendes Verständnis der Person. Damit ist zunächst gemeint, dass der Alternsprozess nicht auf das körperliche Altern reduziert werden darf, sondern dass ausdrücklich auch dessen seelisch-geistige Dimension wahrgenommen und geachtet wird, wobei sich in dieser Dimension Entwicklungsmöglichkeiten bis in das hohe Alter ergeben. Damit ist weiterhin gemeint, dass die Verletzlichkeit und Endlichkeit des Lebens größere Akzeptanz in unserer Gesellschaft finden und überzeugende Formen des kulturellen Umgangs mit den Grenzen des Lebens entwickelt werden.

Wenn auf der einen Seite die seelisch-geistigen Kräfte des Alters vernachlässigt, auf der anderen Seite die Grenzen im Alter ausgeblendet werden, dann erscheint diese Lebensphase in den kollektiven Deutungen als undifferenziert, als ein Abschnitt der Biografie, in dem die Psyche keinen nennenswerten Aufgaben und Anforderungen ausgesetzt ist, in dem aber auch keine Entwicklungsmöglichkeiten bestehen, deren Verwirklichung

seelisch-geistiges Wachstum bedeuten würde, in dem
Menschen nicht mehr schöpferisch sein und sich als mitverantwortlich für andere Menschen erleben können. Und
gerade diese Sicht ist falsch: Die Alternsforschung belegt,
in welchem Maße das Leben im Alter älteren Menschen
als eine seelisch-geistige Aufgabe und Anforderung erscheint, in welchem Maße auch im Alter das Potenzial zu
weiterer seelisch-geistigen Entwicklung gegeben ist, wie
viel Mitverantwortung ältere Menschen übernehmen –
vor allem innerhalb der Familie, aber auch außerhalb
dieser (zivilgesellschaftliches Engagement). Dabei finden
sich gleichzeitig Hinweise auf den Einfluss, den die
kollektiven Deutungen des Alters auf den individuellen
Umgang mit Aufgaben und Anforderungen wie auch mit
den Entwicklungspotenzialen im Alter ausüben. In einer
Gesellschaft, in der mit Alter unspezifisch und verall-
gemeinernd Verluste (an Kreativität, Interesse, Offenheit,
Zielen) assoziiert werden, sehen sich ältere Menschen
nicht dazu motiviert, Initiative zu ergreifen und etwas
Neues zu beginnen.

Aus diesem Grunde ergibt sich die Forderung nach veränderten kulturellen Entwürfen des Alters, die sich nicht
allein auf körperliche Prozesse konzentrieren, sondern die
in gleicher Weise seelisch-geistige Prozesse berücksichtigen, die die Verschiedenartigkeit individueller Lebens-
und Kompetenzformen im Alter anerkennen und diese
als Grundlage für vielfältige Formen des schöpferischen
und produktiven Lebens verstehen. Das Alter in seiner
Differenziertheit zu erkennen und anzusprechen, Möglichkeiten gezielter Beeinflussung von Alternsprozessen
zu erkennen und umzusetzen (zu nennen sind hier das Erschließen von Bereichen zivilgesellschaftlichen Handelns,

die Schaffung altersfreundlicher Umwelten, Initiativen in den Bereichen Bildung, Prävention und Rehabilitation), ist eine gesellschaftliche Aufgabe, deren Lösung empirisch fundierte Konzepte eines gesellschaftlich wie individuell ‚guten Lebens' im Alter erfordert. Doch sind wir mit der Entwicklung solcher Visionen noch viel zu zaghaft, zeigen wir uns gegenüber dem Alter in viel zu starkem Maße reserviert.

Dabei sind die Entwicklungspotenziale auch, wenn nicht sogar primär in den Beziehungen zu anderen, vor allem zu jüngeren Menschen zu sehen. Die Weitergabe von Lebenswissen bildet eine mögliche Domäne des Alters: Der Reichtum an biografischem Material muss sich nicht als nachteilig für die Gestaltung von sozialen Beziehungen auswirken, sondern kann diese sogar befruchten – befruchten in der Hinsicht, als sich alte Menschen in diesen Beziehungen auch als *Gebende* erleben, deren Lebenswissen, deren Rat von anderen Menschen geschätzt wird.

Die hohe Kunst des Alterns

Kleine Philosophie des guten Lebens

Otfried Höffe

Statt mit einer Einführung in das Themenfeld beginne ich mit einer irritierenden Beobachtung. An sie schließe ich acht kurze Überlegungen an, so dass ich insgesamt neun Gedanken vortrage.[1]

I. Eine irritierende Beobachtung

Lange Zeit fand mein Thema in der Öffentlichkeit kaum Aufmerksamkeit. Glücklicherweise hat sich die Situation geändert, häufig angestoßen durch den vorher verdrängten demographischen Wandel: Die Lebenserwartung ist gestiegen, die Zahl der nachwachsenden Jugend gesunken. Ferner: Früher ging man im Durchschnitt 45 Jahre einer Erwerbsarbeit nach und bezog 5 Jahre die Rente, heute folgen auf eine um mehr als 20% gekürzte Erwerbsarbeitszeit eine viermal so lange Rentenzeit, nämlich an 35 Jahre Erwerbsleben schließen sich 20 Jahre Rente an. Erst wegen dieses demographischen Wandels stellt man sich endlich wieder der Aufgabe zu überlegen, wie man in Ehren alt wird und welche persönlichen, gesellschaftlichen und politischen Chancen sich bieten, aber auch welche Gefahren und Konflikte zu erwarten sind.

Das Thema ist aktuell, zugleich dringend. Trotzdem, darin besteht die Irritation, meldet sich die Philosophie immer noch kaum zu Wort. In ihren vielbändigen Nachschlagewerken taucht das Stichwort ‚Alter‘, im Englischen ‚age‘, nicht einmal auf.

In der Antike hingegen war das Thema ein respektabler Gegenstand. *Über das Alter*, im Lateinischen *De senectute*, war ein klassischer Titel für philosophische Überlegungen. Später jedoch, allerdings erst im Fortgang der Neuzeit, läßt die Philosophie das Thema fallen, was die Frage aufdrängt: „Warum“?

Zweifellos gehört zu den Gründen ein radikaler Perspektivenwechsel: Die Pflichtenethik, auch deontologische Ethik genannt, hat den Bereich, in dem die ‚Philosophie des Alters‘ vornehmlich behandelt wurde, die Philosophie als Lebenskunst, zunächst entmachtet, später vollständig beiseitegeschoben. Der zweite Grund besteht in einer Verengung vieler Debatten auf Begriffsklärung und Prinzipientheorie. Dabei scheut man den für unser Thema unabdingbaren Blick in die Erfahrung, sowohl in die Lebenserfahrung als auch in die einschlägigen Erfahrungswissenschaften. Mit diesem Vortrag und der ihm zugrunde liegenden Studie versuche ich, die größere Themenweite wiederzugewinnen. In den Vordergrund stelle ich normative Fragen, behandle den philosophischen Altersdiskurs also vornehmlich als Teil der Ethik bzw. Moralphilosophie.

Im Lauf ihrer Geschichte hat die Philosophie dafür vier Grundmodelle entwickelt: (1) eine Ethik des glücklich-gelungenen Lebens, (2) eine Ethik moralischer Anforderungen, (3) eine Ethik ‚kollektiven Wohls‘, nicht zuletzt (4) die Moralkritik. Für jedes dieser Modelle gibt es eine herausragende Gestalt. Für das erste Muster, den

Eudaimonismus, ist Aristoteles mit seiner *Nikomachischen Ethik* maßgeblich. Für das zweite Modell, die Pflichtenethik, gibt Immanuel Kant mit seiner *Grundlegung zur Metaphysik der Sitten* das Vorbild ab. Für die Ethik des maximalen Gesamtwohls, für das ‚größte Glück der größten Zahl‘, den Utilitarismus, hat John Stuart Mill den größten Einfluss entfaltet. Schließlich ist der bedeutendste Vertreter für die Moralkritik Friedrich Nietzsche, hier etwa mit der ‚Streitschrift‘ *Zur Genealogie der Moral.*

Eine Ethik des Alters und des Alterns – man mag sie eine gerontologische Ethik nennen – greift klugerweise auf alle vier Modelle zurück. Gegen das dritte Muster, den Utilitarismus, tauchen zwar grundsätzliche Bedenken auf, denn dessen Prinzip des maximalen Gesamtwohls widerspricht sowohl der Innenansicht der Einzelnen als auch ihren unveräußerlichen Rechten. Trotzdem kann das utilitaristische Prinzip etwa bei Fragen einer Impfpflicht von Bedeutung sein. Wichtiger sind aber die drei anderen Modelle:

Die erste, eudaimonistische Altersethik untersucht, wie man auf eine glücklich-gelungene Weise altert. Das zweite Muster, die deontologische Altersethik, befasst sich mit der Frage, wie ältere Menschen von anderen behandelt werden sollen und wie eine dem Alter freundliche Gesellschaft und Politik auszusehen hat. Der eudaimonistische Altersdiskurs gehört zur personalen, der deontologische nicht ausschließlich, aber insbesondere zur sozialen Ethik; dort werden Ratschläge für das eigene Wohl erteilt, hier Gebote und Verbote gegen andere aufgestellt. Der letzte philosophische Altersdiskurs, die Moralkritik, schließlich ist etwa bei der Kritik an primär negativen Altersbildern gefordert.

II. Drei Maximen

Ohne Zweifel ist für eine sachgerechte Alterskunst Erfahrung unverzichtbar, namentlich eine methodisch erworbene Erfahrung. Dafür spielt von den einschlägigen Fachdisziplinen die Medizin eine herausragende Rolle. Offensichtlich hat sie im Laufe der Jahrzehnte und Jahrhunderte hinsichtlich ihrer beiden Grundaufgaben, der Diagnose und der Therapie, mehr und mehr an Erfahrung gewonnen. Weithin erfahrungsunabhängig hingegen ist die für das Arztsein vorauszusetzende Einstellung, die zum richtigen Handeln motiviert und Missbrauch verhindert. Für die entsprechende Bereitschaft kennt die Medizin drei Maximen: *salus aegroti suprema lex* (‚das Wohlergehen des Kranken/Patienten sei oberstes Gesetz') und als Minimum *nil nocere* (‚nicht schaden'). Hinzu kommt neuerdings als dritte Maxime das Gebot der aufgeklärten Zustimmung.

Üblicherweise gelten diese Maximen als Besonderheit des Arztberufes, womit er das Privileg erhält, noch etwas so moralisch Großes wie ein Berufsethos zu haben. In Wahrheit sind die drei Maximen sinngemäß für jede Profession verbindlich:

Ob als Handwerker oder als Facharbeiter, ob als Lehrer, Architekt, Anwalt, Altenpfleger oder Arzt – man hat für das Wohlergehen (*salus*) seines Kunden, Klienten oder Patienten zu sorgen: *salus personae suprema lex*. Das einschlägige Minimum, die zweite Maxime, besteht im Schädigungsverbot oder der Schadensminimierung: *nil nocere*. Schließlich müssen Kunden, Klienten oder Patienten der Arbeit zustimmen, die der zur Hilfe Gerufene vorzunehmen hat. Die ersten zwei als Hippokratischer Eid bekannten Grundsätze, erweitert um das zunehmend

wichtige Recht auf Selbstbestimmung, legen also weder
dem Arzt noch dem Pflegepersonal Sonderverpflichtun-
gen auf. Sie konkretisieren lediglich für den eigenen Beruf,
was generell jeder Beruf für seine Tätigkeit, für dessen
Ethos fordert.

III. Zwei Beobachtungen

Mein nächster Argumentationsschritt besteht in zwei
schlichten, aber folgenreichen Beobachtungen zum Wesen
des Menschen, zu seiner Natur.

Die erste Beobachtung stellt den Menschen ins Kon-
tinuum der Natur, die zweite hebt ihn deutlich heraus.
Beide Beobachtungen bündeln sich in der klassischen Be-
stimmung des Menschen als *zôon logon echon,* als sprach-
und vernunftbegabtes Tier.

Nach der ersten Beobachtung stellt der Mensch im
Lauf der Natur keine Ausnahme dar. Trotz gelegentlicher
Unsterblichkeitsträume bleibt er ein Lebewesen, das wie
alle Lebewesen altert und schließlich stirbt. Nur in einer
Hinsicht, zweite Beobachtung, nimmt er eine Sonder-
stellung ein. Wie schon die Unsterblichkeitsträume
andeuten, weiß er um das Altern und dessen Ende, den
Tod, und opponiert häufig dagegen. Wenn er jedoch klug
ist, sucht er zum Unvermeidlichen, dem Altern, auch dem
Sterben, ein positives Verhältnis. Er bemüht sich um eine
Kunst des Alterns und übt diese Kunst rechtzeitig, das
heißt hier: frühzeitig, ein.

Dass zum Menschen als *zôon,* als Tier, wie zu jedem
Lebewesen das Altern gehört, das schließlich ins Sterben
mündet, versteht sich. Trotzdem nehmen Menschen
eine Sonderstellung ein. Denn sie wissen um das Altern,

erleben es in der Jugend an Eltern, Lehrern und Groß-
eltern, später an sich selbst, weshalb sie früher oder später
darüber nachdenken.

Altern und Alter sind also für den Menschen bio-
logische Phänomene, die erlebt und zugleich erlitten,
bald beschleunigt, bald auch gebremst werden und in
jedem Fall ein existenzielles Gewicht haben. Da sie die
Berufs- und Arbeitswelt mitbetreffen, haben sie ebenso
eine wirtschaftliche, weil sie das Gesundheitswesen beeinflussen, sowohl eine politische als auch eine medizinische,
pharmazeutische und medizintechnische Seite. Weil ältere
Menschen altersgerecht wohnen und barrierefrei in Ge-
bäude und Wohnungen gelangen wollen, hat das Thema
zudem eine Architekturseite, schließlich, weil es den
Menschen in seinen gesellschaftlichen Beziehungen beeinflusst, eine soziale Seite.

Für all diese Facetten ist nun eine Kunst des Alters
und Alterns, folglich auch eine Theorie der Alterskunst gefordert. Glücklicherweise gibt es, wie Hermann
Hesse sagt, für diese „schöne und heilige Aufgabe"[2], in
Gelassenheit, vielleicht sogar Heiterkeit zu altern, zahlreiche Vorbilder. Wir finden sie in der Lebensweisheit
vieler Kulturen, bei nicht wenigen Philosophen und
Schriftstellern, auch Musikern, selbst bei lebensklugen
Mitmenschen unserer Umgebung.

IV. Alterslob und Altersschelte

Schon die Alltagserfahrung zeigt, was der Blick sowohl in
die schöne als auch in die philosophische und die wissen-
schaftliche Literatur rasch bestätigt: Die Menschen wollen

zwar lange leben – die Kehrseite eines langen Lebens, das Altwerden, lehnen sie aber ab.

Die Ablehnung geht häufig so weit, dass selbst Siebzig- oder Fünfundsiebzigjährige sich weigern, ‚alt‘ genannt zu werden. Trotzdem geht damit nicht, wie ein Einwand lautet, das Thema der Alter(n)skunst verloren. Denn zum einen werden spätestens Achtzig- und Fünfundachtzigjährige sich doch, wenn auch ungern, ‚alt‘ nennen lassen. Zum anderen beginnt das Altern lange vor dem Altsein oder Als-alt-Eingeschätztsein. Streng genommen fängt es schon bald nach der Geburt an.

Die genannte Ablehnung folgt aus Befürchtungen, die sich in der einen Art der Altersliteratur niederschlägt, in ihrer negativen Gestalt, in der in vielen Kulturen und Epochen zu findenden Altersschelte. In ihr beklagt man sich über das Alter. Man beschwert sich, empört sich vielleicht sogar über Krankheiten, die im Alter gehäuft und lästiger auftreten; über das Nachlassen der körperlichen, geistigen, sozialen und emotionalen Fähigkeiten; über Gebrechlichkeit, nicht zuletzt über Vereinsamung.

Diese Altersschelte betont Schwächen des Alters, insbesondere eine zunehmende Hilflosigkeit. Die Gegenseite, das Alterslob, leugnet nicht Verlusterfahrungen. Statt sie zu betonen, konzentriert sie sich aber auf Vorteile. Beispielsweise können die Menschen dank einer reichen Erfahrung mit dem Leben, mit dessen Höhen und Tiefen, im Alter gelassen, vielleicht sogar weise geworden sein. Überdies eignen sie sich zum Ratgeber für Jüngere. Wer dabei klug ist, beherzigt allerdings eine der ‚Entschließungen für mein Alter‘ des irischen Schriftstellers Jonathan Swift: „Nicht freigebig mit gutem Rat sein, noch jemand damit belästigen; es sei denn, man wünsche ihn."[3] Wer geistig frisch und neugierig bleibt, kann mit dem Athener Gesetzgeber Solon sagen: „Auch als alternder Mensch lerne ich ständig noch hinzu." Eine zeitgenössische Variante: Auf die Frage, wie er sich beim Älterwerden fühle, antwortet der britische Geiger Nigel Kennedy, mittlerweile sechzig Jahre alt geworden: „Oh, keine Ahnung – ist mir bislang noch nicht passiert."

In Kennedys Bemerkung deutet sich eine wichtige Botschaft an: Man kann das Gewicht der beiden Pole von Altersbildern, die Altersschelte und das Alterslob, zumindest ihre relative Bedeutsamkeit beeinflussen. Daher gehört zur Kunst des Alterns die Fähigkeit, die Macht der altersfeindlichen Bilder zu schwächen, die der altersfreundlichen hingegen zu stärken.

Einschlägige Beispiele finden wir schon in der Antike. Weil Griechen und Römer ein erstaunlich hohes Alter erreichen – das Durchschnittsalter der von Diogenes Laertios, einem antiken Historiker, behandelten Autoren beträgt nicht weniger als 75 Jahre –, weil nach dem Alten Testament dessen Protagonist Abraham erst mit 80 Jahren stirbt, auch die anderen Erzväter alt werden, weil die Weisen von Indien wie Buddha (80 Jahre) und von China wie Konfuzius (72), noch mehr der große Neokonfuzianer Menzius (82) ebenfalls sehr alt werden, hat man sich schon damals überlegt, wie man in Klugheit und in Ehren alt wird. In meinem nächsten Schritt stelle ich ein prominentes Beispiel vor.

V. Cicero: eine römische Altersstudie

Eine der bedeutendsten Schriften, wegen ihrer Breite und Gründlichkeit eine veritable Altersstudie, stammt aus der

Feder des Staatsmanns, Redners und Philosophen Marcus Tullius Cicero. Zu seinen Vorbildern gehört das Gespräch über das Alter, das in Platons großem Dialog *Der Staat* bzw. *Politeia* der rechtschaffene, betagte Kephalos mit Sokrates führt.

Nach Ciceros Schrift *Cato maior de senectute* (*Cato der Ältere über das Alter*[4]) kann sich der ältere Mensch – der Staatsmann wird 85 Jahre alt – noch durch alle drei Vorzüge eines reifen Mannes auszeichnen: durch *dignitas*, *gravitas* und *auctoritas*, also durch Würde, gewichtigen Ernst und respekteinflößendes Ansehen. Die als Senilität bezeichneten Eigenschaften sollen dagegen auf Disziplinlosigkeit zurückgehen, gelten insofern als altersindifferent.

Trotz dieser vielleicht ein wenig idealisierten Einschätzung schiebt Cicero die Zweipoligkeit wirklichkeitsnaher Altersbilder nicht beiseite. Die negativen Seiten des Alters nimmt er jedoch als Herausforderungen des Alters wahr, die eine kluge Alterskunst zu bewältigen vermag. Wenn nicht äußere Faktoren in die Quere kommen – Cicero wird kurz nach Abfassung seiner Schrift ermordet –, dann lassen sich zusätzliche Jahre eines wahrhaft erfüllten Lebens gewinnen, was dem Leitgedanken der neueren Altersforschung –, gewonnene Jahre' – vorgreift.

Cicero nennt vier Vorwürfe an das Alter, vier Anklagepunkte, die er allesamt entweder entkräftet oder in produktive Herausforderungen umwandelt: (1) Aus den bisherigen Ämtern verdrängt, werde man zur Untätigkeit gezwungen; (2) die körperlichen Kräfte ließen nach; (3) mancherlei Freuden gingen verloren; schließlich (4) komme der Tod näher.

Die erste Anklage, den Zwang zur Untätigkeit, entkräftet er mit der Empfehlung, sich für das Gemein-

wohl *(bonum commune)* zu engagieren, nach heutigen
Begriffen für Ehrenamt und Bürgergesellschaft oder auch
für Kinder, Enkel und älter gewordene Eltern. Denn nicht
durch körperliche Kraft vollbringe man große Dinge,
sondern mittels Fähigkeiten, die im Alter erhalten bleiben,
zu denen Lebenserfahrung noch hinzukomme.

Dass die körperlichen Kräfte nachlassen und die
geistigen Kräfte an Frische verlieren, räumt Cicero durchaus ein, setzt sich aber als Gegenmittel für ein lebens-
langes, altersspezifisches Lernen ein: In der Jugend er-
werbe man ein möglichst großes geistiges Kapital, mit
dem man im Alter ökonomisch umgehe, indem man Un-
wichtiges beiseitelege und Planungen nicht nur für den
Augenblick vornehme.

Die heutige Hirnforschung beansprucht gern neuartige
Erkenntnisse, hier darf sie Bescheidenheit lernen. Denn
schon vor mehr als zweitausend Jahren betont Cicero
etwas, das die Hirnforschung zwar ebenfalls feststellt,
jedoch nicht neu entdeckt, sondern nur bekräftigt und
verfeinert feststellt: Der Mensch bleibt bis ins hohe Alter
lernfähig. Für andere Bereiche der Lebenswissenschaften
könnte es ähnlich aussehen: dass die heutigen Forscher
nicht grundlegende Neuigkeiten entdecken, sondern
etwas, das schon eine mit Lebensklugheit gewürzte Lebenserfahrung lehrt, im Wesentlichen lediglich bestätigen,
freilich häufig auch präzisieren und wie gesagt verfeinern.

Laut Cicero neigen Ältere allerdings zur Geschwätzig-
keit, wogegen sich eine andere der ‚Entschließungen für
mein Alter' von Jonathan Swift aufdrängt: „Nicht immer
die gleiche Geschichte den gleichen Leuten erzählen."[5]

Die Hauptaufgaben klugen Alterns kann man in
ein dreifaches *L* zusammenfassen, in: *Laufen, Lernen*

und *L*ieben, das man am besten um ein viertes *L*, das *L*achen, erweitert. Alle diese Aufgaben werden schon von Cicero als wichtig herausgestellt: körperliche Bewegung, geistige Tätigkeit und Sozialkontakte sowie unbeschwerte Lebensfreude. Weiterhin betont unser Autor den Wunsch der Älteren nach einem selbstbestimmten, von Eigenverantwortung, also dem Prinzip Autonomie geprägten Leben. Seine Erwartung, solange man erfüllenden Beschäftigungen nachgehe, spüre man sein Älterwerden nicht, schwächt man aber besser in ein ‚kaum‘ ab.

Die Krönung des Alters sieht Cicero in jener *auctoritas*, dem respekteinflößenden Ansehen, „das man sich nicht plötzlich durch graue Haare und durch Runzeln verschafft". Da ein bislang in Ehren geführtes Leben gegen Ende die Früchte des Ansehens erntet, entgeht man der Gefahr, die Nietzsche in der Schrift *Menschliches, Allzumenschliches* unter dem Titel ‚Von eitlen alten Männern‘ beobachtet.[6] Zunächst setzt er dort die zwei Lebensphasen gegeneinander ab: „Der Tiefsinn gehört der Jugend, der Klarsinn dem Alter zu". Dann fährt er fort: „Wenn trotzdem alte Männer in der Art der Tiefsinnigen reden und schreiben, so tun sie es aus Eitelkeit, in dem Glauben, dass sie damit den Reiz des Jugendlichen, Schwärmerischen, Werdenden, Ahnungs- und Hoffnungsvollen annehmen."

In seinem letzten Abschnitt wendet sich Cicero dem vierten, beunruhigendsten Problem, der Nähe des Todes, zu. Hier lässt er sich auf die beiden damals dominanten Vorstellungen ein: dass der Geist ausgelöscht werde oder aber an einem anderen Ort ewig weiterlebe. Unter beiden Annahmen sei der Tod nicht zu fürchten, denn entweder sei man nach dem Tod nicht unglücklich oder man lebe sogar glückselig. Im Übrigen empfiehlt Cicero, etwas Bleibendes zu schaffen, mit dem man über seine eigene Lebenszeit hinaus fortlebe.

VI. Weitere Autoren

Eine reiche Fundgrube für Lebensweisheit bieten Johann Wolfgang Goethes *Maximen und Reflexionen*. Einer Lebensstufe, die damals vor allem als Degeneration und Verfall erschien, dem Alter, geben sie, ohne Verlusterfahrungen zu leugnen, eine hohe Wertschätzung, „denn am Ende des Lebens gehen dem gefassten Geiste Gedanken auf, bisher undenkbare; sie sind wie selige Dämonen, die sich auf den Gipfeln der Vergangenheit glänzend niederlassen"[7].

In den Worten des Philosophen Hegel macht das Alter im Gegensatz zur unzufriedenen Jugend milder, dies aber nicht aus Schwäche, sondern dank Einsicht. Die im Alter sich herausbildende „Reife des Urteils" lasse sich nämlich auch das Schlechte gefallen, jedoch nicht wegen eines Defizits etwa Interesselosigkeit. Vielmehr sei man, „durch den Ernst des Lebens tiefer belehrt, auf das Substantielle, Gediegene"[8], die wirkliche Welt, wie sie ist, wie sie sein soll, geführt worden.

Goethe, dessen Alterswerk eine noch unermüdliche Produktivität beweist, räumt allerdings seitens der Mitwelt eine gewisse Entmündigung ein: „Man schont die Alten, wie man die Kinder schont"[9]. Trotzdem verliert er nicht seinen Humor, wie die „Das Alter" betitelten Verse zeigen: „Das Alter ist ein höflich Mann:/ Einmal übers andre klopft er an,/ Aber nun sagt niemand: Herein!/ Und

vor der Türe will er nicht sein./Da klingt er auf, tritt ein
so schnell,/Und nun heißt's, er sei ein grober Gesell."[10]

Ergänzende Weisheiten verdanken wir einem der
sprachmächtigsten deutschen Philosophen, Arthur Schopenhauer: „Im Alter versteht man besser, die Unglücks-
fälle zu verhüten, in der Jugend, sie zu ertragen."[11] Und:
Da jeder, der sich einen reichen Geist erworben hat, im
Alter trotz nachlassender Geisteskräfte immer noch genug
hat, braucht man einen etwaigen Nachteil des Alters, die
Langeweile, nicht zu befürchten. Vor allem das Interesse am Studieren, an Musik und am Theater sollte man
weiterhin kräftig pflegen. Dies trifft heute ohne Zweifel
für viele Menschen zu, wie der Besuch von Volkshochschulen, Seniorenuniversitäten und der erhebliche Anteil
Älterer bei den Theater-, Konzert und Opernbesuchen
belegt. Andere ziehen freilich das Fernsehen vor.

Schließlich schätzt Schopenhauer das Nachlassen der
Kräfte nicht bloß negativ ein. Denn es sei zwar „sehr
traurig, doch ist es notwendig, ja wohltätig; weil sonst
der Tod zu schwer würde, dem es vorarbeitet." Folglich
sei in sehr hohem Alter eine Euthanasie im wörtlichen
Sinn eines „guten" oder „glücklichen Todes" möglich:
„das überaus leichte, durch keine Krankheit eingeleitete
von keiner Zuckung begleitete und gar nicht gefühlte
Sterben"[12]. Da alle Leidenschaft und alle Vitalität ver-
braucht seien, sterbe man, in biblischer Sprache, „des
Lebens satt." In einem poetischen Bild: Das Leben endet
wie das Verlöschen einer Kerze.

Oder in den Worten des einen Herausgebers der als
Grimms Märchen bekannten *Kinder- und Hausmärchen*,
des überragenden Sprachwissenschaftlers Jakob Grimm:
Wem es vergönnt ist, ein hohes Alter zu erreichen, „hat

nicht nötig zu jammern, wenn seine letzte Lebensstufe
annaht", vielmehr ist ihm gestattet, „mit stiller Wehmut
hinter sich zu blicken und gleichsam auf der Bank vor
seiner Haustür sitzend sein verbrachtes Leben zu über-
schlagen"[13]. Hier überstrahlt heitere Gelassenheit alle
eventuelle Altersklage.

VII. Ein sozialethische Leitgebot

Für ein gutes und gelungenes, folglich glückliches Altern
sind nicht bloß die einzelnen Menschen selber verantwortlich, sondern auch die Mitmenschen, einschließlich
der Gesellschaft und der Politik. Denn die Haltung, die
Jüngere gegen Ältere einnehmen, entscheidet über das
Wohlbefinden der Älteren mit. Erneut gibt es die zwei
Pole, Schelte und Lob, nämlich die Geringschätzung,
sogar Verachtung der Älteren durch die Jüngeren oder
aber den Respekt vor ihnen, die Achtung, in manchen
Kulturen, etwa dem chinesischen Konfuzianismus, aber
auch im alten Rom, sogar die Hochachtung der Älteren.
Die Politik wiederum entscheidet über die Berufs- und
Arbeitswelt, in der auch Ältere einen Platz oder aber gar
keinen finden: über das Rentenwesen, das Menschen,
die Jahrzehnte fleißig gearbeitet haben, ein gutes Aus-
kommen im Alter ermöglichen soll; über ein auch alters-
freundliches Gesundheitswesen; ferner über eine allen
Altersstufen gerechte Stadt- und Gemeindearchitektur
einschließlich öffentlicher Räume für Beziehungen zwischen den Generationen.
   Der für diese und weitere Gesichtspunkte entscheidende Grundsatz sollte unstrittig sein, er ergibt sich

aus zwei Vorgaben. Auf der einen, der normativen, das heißt für die Rechtfertigung entscheidende Seite hat jeder Mensch einen absoluten Eigenwert, ‚Menschenwürde‘ genannt, aus der unveräußerliche Grund- und Menschenrechte folgen. Auf der anderen Seite, der Seite der Lebenserfahrung, wird das Prinzip der Menschenwürde nicht etwa für ältere Menschen arbeitslos. Im Gegenteil ist über alle Kultur- und Epochengrenzen hinweg der Wunsch verbreitet, bis ins hohe Alter geachtet zu sein und möglichst selbstständig zu leben. Also erneut ist das Prinzip der Autonomie gefragt. In diesem Sinn fordert das sozialethische Leitgebot, die unantastbare Würde auch der älteren Menschen zu achten.

Bekanntlich ist die Lebenserwartung der Menschen seit mittlerweile vielen Generationen gestiegen. Dabei hat auch die aktive Lebenszeit zugenommen, also die Zeit, in der man körperlich, geistig und sozial, nicht zuletzt seelisch frisch bleibt. Das darin schlummernde Lebenspotenzial ist aber bis heute noch nicht annähernd ausgeschöpft. Denn entgegen einer weitverbreiteten Legende sind nicht bloß einige geistig herausragende Persönlichkeiten, sondern auch gewöhnliche Menschen bis ins hohe Alter lernfähig. Beispielsweise verstehen sie mit den modernen Informations- und Kommunikationsmitteln umzugehen und sie sowohl als Tor zur Welt als auch als Forum für den gesellschaftlichen Austausch zu nutzen.

Um diese Möglichkeiten zu stärken, drängen sich zwei Empfehlungen auf. Einerseits sind leicht zu bedienende Informations- und ebenso bedienungsfreundliche Haushaltsgeräte zu entwickeln. Hinzukommen müssen intelligente Informationsgeräte, die so lange wie erwünscht zu Hause allein zu leben erlauben. Auf der anderen Seite

müssen die künftigen Nutzer den Umgang mit all diesen
Geräten möglichst früh erlernen, also lange bevor sich die
körperlichen und geistigen Einschränkungen häufen.

Um den angedeuteten Gewinn der mit der gestiegenen
Lebenserwartung verbundenen ‚gewonnenen Jahre' zu
realisieren, sind des weiteren drei Lebensbereiche um-
zugestalten: die Berufs- und Arbeitswelt, die Welt der
Bildung und die Lebensräume.

Im Bereich der Berufs- und Arbeitswelt ist die ohnehin
erst im 20. Jahrhundert strenge Trennung zwischen Er-
werbs- und Rentenphase zu verflüssigen. Das Ziel ist klar
und überzeugend: Die drei Dimensionen, Lernen, Arbeit
und Muße, sind innerhalb aller Phasen des Erwachsenseins
in ein lebenswertes Gleichgewicht zu bringen. Die aus-
schließliche Zuordnung von Lernen, Ausbildung und
Studium zum jugendlichen Erwachsenen, die der Berufs-
arbeit zum Vollerwachsenen und die von Muße zum Alter
ist weder für die einzelnen Menschen noch für die Gesellschaft förderlich.

Auch von der Bildungswelt, dem zweiten Lebensbereich
her gesehen, empfiehlt es sich, die drei Aufgabenfelder
nicht jeweils *einer* Lebensphase exklusiv zuzuordnen: das
Lernen nur der Jugend, die Muße bloß dem Alter und das
Arbeiten allein der Zeit dazwischen. Eine kluge Gesellschaft und Politik öffnet vielmehr das mittlere Lebensalter
verstärkt für Bildungs- und Familientätigkeit und das an-
schließende Lebensalter für Erwerbsarbeit und Ehrenamt.

Schließlich, dritter Lebensbereich, darf man die älteren
Mitbürger nicht zu rasch in abgetrennte *Lebensräume* ab-
schieben, in ‚Reservate für Stadtindianer vom Stamme der
Senioren', wo sich die Betroffenen wie in einer Senioren-
abschiebehaft fühlen.

Worin genau generationenübergreifende Wohn-verhältnisse bestehen, kann nur die Erfahrung lehren. Glücklicherweise haben Architekten und Städteplaner schon damit begonnen, Neubauten, Wohnquartiere und Verkehrsnetze ‚generationengerecht' zu entwerfen, damit sowohl Kinder und Jugendliche als auch Ältere ihren Bedürfnissen und Interessen gemäß leben können wie die ‚üblichen Erwachsenen'.

In so gut wie allen Kulturen finden wir einen einfachen sittlichen Grundsatz. Weil er leicht und verständlich, vor allem überzeugungsstark ist, nennt man ihn die Goldene Regel. In ihrer negativen Gestalt, als Verbot, lautet sie: „Was du nicht willst, dass man dir tu, das füg' auch keinem anderen zu!" Die positive Gestalt hingegen besteht in der Forderung: „Behandle die anderen so, wie du von ihnen behandelt sein willst!"

Beide Formulierungen lassen sich auf den Umstand anwenden, dass der Mensch verschiedene Lebensphasen durchläuft. Vereinfacht gesagt beginnt der Mensch als Kind und Jugendlicher, ist später ein in seiner Blüte stehender Erwachsener und wird schließlich zum älteren, am Ende hochaltrigen Mitbürger. Daraus folgt für die Altenethik als erstes die negative Formulierung der Goldenen Regel: „Was du als Kind und Jugendlicher, später als Erwachsender nicht willst, das man dir tu, das füg' auch keinem Älteren zu."

Die Tragweite dieser Regel liegt auf der Hand: so wie man als Kind und Jugendlicher sich liebevolle Zuwendung wünscht und geistiger Anstrengungen und Sozialkontakte bedarf, so brauchen und verdienen auch ältere Menschen weit mehr als lediglich Nahrung, Kleidung und ein Wohnen sowie, wo nötig, ärztliche und pflegerische Hilfe.

Spielplätze, Sportanlagen und Schulen pflegt man kind- und jugendgerecht zu gestalten. Genauso sind auch für die älteren Menschen altersgemäße Räume zu schaffen. Diese reichen etwa von Nachbarschaftseinrichtungen über ‚Selbsthilfe-Treffs‘ bis hin zu Senioren-Universitäten. Schließlich sollen Senioren- und Pflegeheime nicht als „Kindergärten für alte Menschen" eingerichtet werden, in denen schon die stereotype Begrüßung die Entmündigung befördert: „Na, wie geht's uns denn heute, Oma?"

So wie man den Kindern und Jugendlichen, auch wenn sie noch unmündig sind, trotzdem möglichst partnerschaftlich, zumindest autoritätsarm entgegentritt, sind analog die Älteren zu behandeln. Dies führt zur positiven Gestalt der Goldenen Regel der Altenethik: „Behandle ältere Menschen so, wie du selber im Alter behandelt werden willst!"

Ein eingängiges Vorbild bietet das Märchen *Der Großvater und der Enkel*. In ihm wird ein zittrig gewordener Greis von seinem Sohn und dessen Frau zunächst des gemeinsamen Esstisches verwiesen, sodann mit einem hölzernen Schüsselchen versehen, schließlich aber wieder zurückgeholt. Denn der vierjährige Enkel machte „ein Tröglein, daraus sollen Vater und Mutter essen, wenn ich groß bin". Damit zeigt er den Eltern, dass sie auch einmal alt, sogar steinalt sein werden und dann kaum so lieblos wie der Großvater behandelt sein wollen.

VIII. Glücklich Altern: Die ‚vier L‘

Ob mit oder ohne Vorbilder – wie lernt man ein gelungenes, vielleicht sogar glückliches Altern? Für Feiglinge, sagt eine erfahrene Heimleiterin, ist Altsein nichts. Es braucht also Courage, verbunden mit der Bereitschaft, trotz der nicht zu leugnenden Beschwerlichkeiten die dem Alter verbleibenden, zum Teil auch neuartigen Möglichkeiten wahrzunehmen.

Da die Menschen nach Begabung und Interesse recht verschieden sind, kann es hier keine Patentregel geben, einen allgemeinen Wegweiser gleichwohl. Zu beachten sind die vier Dimensionen, die das Menschsein ausmachen. Ohne damit eine Rangfolge zu behaupten, kann man mit dem Bewegungsapparat beginnen und die geistige Seite des Menschen anschließen. Offensichtlich wollen sie beide genutzt, besser noch trainiert sein. In abgewandelter Form gilt dies ebenso für die beiden anderen Dimensionen, für die Sozialnatur und als Inbegriff der Gefühlswelt für die seelische Natur.

Die Lebensklugheit gebietet nun, keine der vier Dimensionen zu vernachlässigen. Statt eine zu bevorzugen und dann maximal zu entwickeln, berücksichtige man alle vier Bereiche. Man darf durchaus persönliche Vorlieben haben, muss sich also nicht auf alle vier Bereiche gleich stark einlassen. Vernachlässigen darf man aber keinen von ihnen.

Um es etwas gelehrter auszudrücken: Statt einer ‚singulären Maximierung‘, der exklusiven Pflege einer einzigen Dimension, ist die ‚integrative Optimierung‘, die ineinandergreifende gemeinsame Förderung aller vier Dimensionen, geboten. Man betreibe also eine Aktivierung sowohl der körperlichen als auch der geistigen, ferner ebenso der sozialen und emotionalen Fähigkeiten. Dieses fraglos anspruchsvolle Aufgabenfeld lässt sich gut verständlich in vier einprägsamen Ausdrücken zusammenfassen, den *vier L:* *L*aufen, *L*ernen, *L*ieben und *L*achen.

Wer dieser Empfehlung rechtzeitig folgt – „Übung macht den Meister" –, wer also nicht erst im Alter daran denkt und wer zusätzlich für gesunde Ernährung und genügend Schlaf sorgt, der baut sich ein beträchtliches körperliches, geistiges, soziales und emotionales Kapital auf. Mit dessen Hilfe erleichtert er sich nicht nur ein erfreuliches Leben. Er betreibt auch ein wahres Anti-Aging. Er verschiebt nämlich die Altersschwäche in eine fernere Zukunft, so dass er als Siebzigjähriger beispielsweise sich wie ein Endfünfziger fühlt.

Unter das erste *L*, das Laufen, fallen alle Aktivitäten des Bewegungsapparats, wobei jeder seinen persönlichen Vorlieben folgen darf. Der eine wandert gern, schwimmt oder fährt Fahrrad, ein anderer liebt Ballspiele, wieder ein anderer zieht das Fitnessstudio vor. Entscheidend ist, die Muskeln zu stärken, sein Bindegewebe, die Faszien, und den Kreislauf zu aktivieren. Wer dabei weder übertreibt noch sich dopt, der arbeitet Gelenkerkrankungen wie Arthrose und den großen Gesundheitsgefahren wie Diabetes, Herz-Kreislauf-Leiden und Fettsucht entgegen. Zudem lenkt er sich von Ärger und Stress ab, greift also in das vierte *L* über.

Ähnlich verhält es sich beim zweiten *L*, dem Lernen. Wer viel liest, ein Musikinstrument oder eine Fremdsprache lernt oder in Volkshochschulen sich geistig frisch hält, der erhöht die ‚Verschaltungen' im Gehirn und wird gegen Demenz widerstandfähiger. Nicht zufällig haben heute die älteren Menschen im Durchschnitt ein größeres Gehirn als die früheren Generationen. Erneut kommt ein Anti-Aging-Effekt hinzu. Nicht zuletzt entgeht man der Langeweile und jener Einsamkeit, die die Betreffenden als ‚sozialen Vortod' erleben.

Beim dritten *L*, dem Lieben, dem bunten Strauß von Sozialbeziehungen, pflegt man die wichtigste Quasi-Tugend, die Freundschaft, und arbeitet wiederum dem Alt-werden entgegen. Denn die – hoffentlich wechselseitige – Anerkennung und das gegenseitige Gefühl, geliebt zu werden, wirken stärker als viele Arzneimittel.

Das vierte *L* schließlich, das Lachen, meint die emotionale Seite des Menschen. Mit Entspannung, Lebens-freude und Lebenslust steuert man der Gefahr entgegen, im Alter stur, rechthaberisch und verbittert zu werden. Laut einer Harvard-Studie gehören die Menschen, die im Alter von 50 Jahren am zufriedensten waren, mit 80 Jahren zu den Gesündesten. Und nach einem Schweizer Neurologen entsprechen 20 Sekunden Lachen etwa der körperlichen Leistung von drei Minuten Rudern.

Weitere positive Effekte kommen hinzu: Lachen kräf-tigt das Immunsystem, stärkt das Herz-Kreislauf-System, es lindert Schmerzen, lässt den Körper das ‚Glückshor-mon' Endorphin ausschütten und ist zudem ansteckend. Auf diese Weise gewinnt man nicht bloß für sich selbst, sondern auch für andere. Ein Lächeln ist sogar das beste Make-up. In poetischen Worten: Lachen ist eine Musik der Seele, die erfreulicherweise auch den Mitmenschen zugutekommt.

IX. Altern will gelernt sein

Die heitere Gelassenheit, auf die unsere Vorbilder für eine Alterskunst hinweisen, fällt dem Menschen nicht von allein zu. Er muss sie lernen, was häufig schwer fällt, des-halb auch nicht jedem gelingt. Denn allzu viele Menschen werden im Alter mürrisch und verbittert oder verhärten sich. Dahinter verbergen sich allerdings oft Ängste, weshalb es besser ist, zu helfen statt zu schelten. Denn diese Ängste sind ja nicht immer eingebildet: dass die Zeit davonläuft, dass man in Einsamkeit vor sich hin altert, bestenfalls in einem Pflegeheim ein diesseitiges Fegefeuer, einen sozialen Vortod, erlebt. Poetisch formuliert: ‚Wehe dem, der nicht im Schutz der Liebe altert.'

Altern will also gelernt sein. Dafür spricht nicht etwa nur die Klugheit, sondern auch die Moral. Außer den Pflichten gegen andere kennt die Moralphilosophie nämlich auch Pflichten gegen sich, dabei die Pflicht zur eigenen Vollkommenheit. In Würde altern zu lernen, gehört ohne Zweifel dazu, so dass es sich hier in den Begriffen des größten Moralphilosophen der Neuzeit, Immanuel Kant, um einen kategorischen Imperativ handelt.

Weil jeder Mensch anders ist, sowohl in seinen Fähigkeiten als auch in seinen Schwächen, sind in den erforderlichen Lernprozessen große Unterschiede zu erwarten. Erfahrungsgemäß folgt der Prozess aber einer Entwicklung in drei Phasen, die man sich als einen dialektischen Dreischritt von These, Antithese und Synthese vorstellen kann.

In der ersten Phase, der These, nimmt man das Schwinden der Kräfte und sozialen Beziehungen, also vor allem Einbußen wahr. In einem inneren Verlustdiskurs hält man es mit einer Figur aus Christos Tsiolkas' Roman *Nur eine Ohrfeige*: „Das Leben vergeht zu schnell, und der verdammte Tod dauert zu lange."[14] Wer noch ironiefähig ist, klagt, die Jugend sei an die jungen Leute verschwendet.

In der ersten Phase, dem ‚resignativen Altern‘, verhält es sich mit dem Alter wie mit einem Infekt, den man zunächst nicht anerkennt, sich daher nicht schont, auch keine nötigen Medikamente einnimmt. Schließlich sieht man aber ein, ohne eine gewisse Schonung und ohne Arzneimittel geht es doch nicht. Über diesen Vergleich darf man freilich den wesentlichen Unterschied nicht übersehen: vom Infekt kann man sich erholen, vom Altern nie. Deshalb nimmt in der Sprache der Psychologie das Selbstwertgefühl unweigerlich ab.

Die Einsicht in die Unabwendbarkeit des Alterns muss glücklicherweise nicht schmerzlich bleiben. Denn in einer zweiten Phase, der Antithese, kann man, ohne sich etwas vorzulügen, den internen Verlustkurs in einen altersfreundlichen Diskurs umwandeln. Wer sich altersgerechten Interessen und Beziehungen zuzuwenden vermag, die ihm nicht von außen autoritativ vorgegeben werden dürfen, sondern den eigenen Wünschen und Möglichkeiten entsprechen müssen, dem gelingt ein ‚abwägend-integratives Altern‘. Dessen Grundsatz tritt in den skizzierten Vorbildern für Alterskunst zutage:

Den Zwängen von Konkurrenz und Karriere enthoben, wird man gegen die Frage nach mehr oder weniger Erfolg gleichgültig. Man erkennt, dass man sich niemandem mehr beweisen muss, und fühlt sich genau deshalb jung, was manche jüngere Menschen sogar mit Neid beobachten. Wer dann einen Rückblick auf sein Leben wirft, gewissermaßen Bilanz zieht, der, sagt die Erfahrung, beklagt weniger einen Mangel an Karriereerfolg. Weit mehr bedauert er, sich für die Familie und engen Freunde nicht genug Zeit genommen zu haben. Denn jetzt treten Unbestechlichkeit, Selbstachtung, Güte und Humor in der Vordergrund.

Dem Glücklichen gelingt, wie Ernst Bloch im ersten Band seines *Prinzip Hoffnung* erklärt, für das Altwerden ein Wunschbild, nämlich „Überblick, gegebenenfalls Ernte"[15]. Denn, sagt er mit Voltaire, „für Unwissende sei das Alter wie der Winter, für Gelehrte sei es Weinlese und Kelter."[16]

Der ältere Goethe erwartet mehr. Im *Schenkenbuch* des *West-östlichen Divan* erhofft er sich, damals allerdings noch nicht 60jährig, von der alten Trias Wein, Weib und Gesang, hier eine „Lieb', Lied und Weines Trunkenheit"[17] genannt, Kräfte der Verjüngung. In Martin Walsers Roman *Angstblüte* äußern sich diese Kräfte in einer Rebellion gegen das Älterwerden. Dort geht es allerdings auch um einen 60- bis 71-Jährigen, den man wegen seiner nicht nur geistigen, sondern auch körperlichen Frische heute kaum ‚alt' nennen wird.

Kehren wir zum dreistufigen Lernprozess zurück: Schließlich erreicht man in der dritten Phase, einer Synthese, im ‚kreativen Altern', eine gewisse Vollendung. Man lässt der neuen Lebensphase ihre Eigenart, sieht sogar einen gewissen Gewinn und nimmt das Unausweichliche: dass die Tage gezählt sind, klaglos hin.

Mittlerweile bedient die Medienindustrie diese kreative Einstellung zum Altern. Beispielsweise bringt sie eine Zeitschrift mit dem Titel *Für Frauen ab 60* heraus und platziert auf dem Titelblatt die Devise: „Älterwerden hat etwas Befreiendes". Auch wenn sie damit nicht auf den Tod anspielt, kann man den Schatten, den er vorauswirft, und dessen einebnende Wirkung – „Der Tod macht alle gleich" – schwerlich leugnen. Die Foto-Agentur Getty

Images verkauft kaum noch das früher beliebte Bild eines älteren Paares, das am Strand versunken Richtung Wasser schaut und über das vergangene Leben nachdenkt. Bilder zum Stichwort „Glückliche Senioren" waren in den letzten zwölf Monaten um 4700 % mehr gewünscht. Was auch immer diese Steigerungsrate besagt – jedenfalls sind heute weit mehr Bilder mit lebensfroh aktiven Senioren gefragt, z. B. fünf Frauen, die mit ihrem gemeinsamen Yoga Zugehörigkeit und Dynamik darstellen.

Wohlhabende, auch berühmte oder mächtige Menschen, mag man einwenden, vermögen sich mehr soziale Zuwendung zu verschaffen. Für einen vermutlich noch wichtigeren Faktor, emotionale Aufmerksamkeit, braucht es aber weder Ruhm noch Macht oder Geld. Im Gegenteil kann bei den Großen der Welt der Fall von den bisherigen Höhen in die Niederungen des Alters enorm, vermutlich stärker als bei den gewöhnlichen Sterblichen sein. In Tsiolkas' Worten: Im Alter kann man „einen gewissen Frieden finden" weil im Alter alle Menschen klein, gleichermaßen klein werden: „Nicht bei der Arbeit, nicht im Glauben, nicht in der Politik, nur im Alter" kann man „in einer Welt verweilen, die nicht von Hierarchie, Snobismus und Rachsucht bestimmt"[18] ist.

Um es noch einmal zu sagen: Den Zwängen von Konkurrenz und Karriere mit deren Berg von Verpflichtungen und unerledigten Aufgaben enthoben, nicht mehr Teilnehmer, allenfalls Beobachter des Wettbewerbs um Macht, Geld und Ehre, wird man gegen einschlägigen Erfolg gleichgültig. Die üblichen Maßstäbe, gesellschaftliche Stellung, Beziehung und Geld, selbst Wissen und Können, haben an Gewicht verloren. Stattdessen dürfen die genannten humanen Tugenden in den Vordergrund treten.

Wie weit das gelingt, ist eine andere Frage. Zu Balthasar Denners Bildnis einer alten Frau schreibt die Schriftstellerin Zadie Smith: „Ich betrachte den gescheckten Pelz, den sie trägt, die edle Seide, und sehe darin die hartnäckige Hingabe an Luxusgüter, die so viele reiche Frauen betreiben, sobald das Fleisch sie im Stich lässt."[19]

Eine andere Antwort liest man in Silvio Blatters Roman *Zwölf Sekunden Stille*. Dort sagt ein 82-jähriger Seniorverleger seinem Kulturchef, der zum 58. Geburtstag sein Amt aufzugeben hat: „Ich kenne diese Angst vor dem Älterwerden. Als ich auf die sechzig zusteuerte, tyrannisierte sie auch mich [...] jetzt pfeife ich darauf; jetzt weiß ich, dass ich ein alter Mann bin." Aber, fährt Blatter fort, er „sonnte sich in der Widerrede"[20].

Ohne zu leugnen, dass das würdige und glückliche Altern nicht ewig währt, darf man den Cellisten Pablo Casals zitieren: „Alter ist überhaupt etwas Relatives. Wenn man weiter arbeitet und empfänglich bleibt für die Schönheit der Welt, die uns umgibt, dann entdeckt man, dass Alter nicht notwendigerweise Altern bedeutet."[21] Vielleicht gelingt dem Menschen sogar Hermann Hesses Erfahrung: „Mit der Reife wird man immer jünger"[22].

Das Folgende ist jedenfalls richtig: Wem diese wahre Lebenskunst gelingt, der kann sein Leben als ein Kunstwerk ansehen, das im Alter Patina, also Zeichen von Echtheit im Gegensatz zu industrieller Massenware, anlegt. Denn man ist nicht alt, sondern, wie es so schön heißt, altehrwürdig geworden. In diesem Sinn, mein Schlusswort, eine Sentenz des römischen Schriftstellers und Philosophen Seneca: „Wie lange ich lebe, liegt nicht in meiner Hand" – ein wenig freilich doch! –, „dass ich aber, so lange ich lebe, wirklich lebe, das hängt von mir ab."

Ausbalancieren zwischen opus hominum und opus Dei

Theologische Überlegungen zum Altern als Lebensform

Christian Albrecht

Die folgenden theologischen Überlegungen zum Altern als Lebensform müssen mit fünf kurzen Vorbemerkungen einsetzen.

Die erste Vorbemerkung betrifft die Rede vom *Altern*. Mir geht es im Folgenden tatsächlich um das Altern als Prozess, gerade in all seinen Wandlungen und Beständigkeiten. Es geht nicht um das Alter als Zustand oder Lebensphase, auch nicht um verschiedene Unterphasen des Alters, sondern um den dynamischen Vorgang, in dem man das Leben im Alter sowie durch das Alter hindurch führt und bewältigt. Daher rede ich vom Altern und nicht vom Alter.

Die zweite Vorbemerkung ist ebenfalls eine terminologische: Wenn von der *Lebensform* die Rede ist, so ist dies hier nicht gemeint im Sinne eines soziologischen Begriffsgebrauchs, bei dem an Lebensstile gedacht wird und auch nicht im Sinne älterer, strengerer philosophischer Definitionen[1], sondern eher in einem sehr viel gröberen, programmatisch unbestimmteren, alltagssprachlichen Sinne, wie er jüngst zum Beispiel in der praktischen Philosophie

aufgenommen worden ist als „ein Interesse an den alltäglichen, lebensbestimmenden Orientierungen und den in-
formellen Weisen der Lebensgestaltung", als „ein Interesse
daran also, wie Menschen leben, was sie tun und wie sie es
tun."[2] Wenn ich vom Altern als Lebensform spreche, dann
denke ich an ein Bündel von Handlungsmustern, die in
ein Ensemble von Erfahrungen, Einstellungen, Haltungen
und konkretem Verhalten verflochten sind. Und ich denke
insbesondere an jene Formen der alltäglichen und praktischen Bemeisterung des Lebens, in denen der Einzelne
das ihm Vorgegebene, das von ihm Hinzunehmende zu
bewältigen sucht.

Gemeint ist also nicht ein abstraktes Verständnis des
Lebens als eine Sammlung von Ideen, von denen man
überzeugt wäre (zum Beispiel, dass die jüngere Generation
nicht so gut ist wie die eigene oder dass der alte Mensch
nichts gilt in der Gesellschaft) und gemeint sind auch
nicht bestimmte Tathandlungen, für die man sich nach
sorgfältiger gedanklicher Abwägung entschieden hat
(zum Beispiel, dass man der Diakonie Geld spendet, weil
man denkt, es sollte den Flüchtlingen geholfen werden).
Gemeint ist vielmehr, um es kurz zu sagen, etwas, was
man vielleicht als „know how der Lebensbemeisterung"
bezeichnen könnte und was man erschließen kann, wenn
man darauf schaut, *wie jemand lebt*, nicht so sehr aber
darauf, was er *denkt* oder *zu welchen Handlungen er sich
entschlossen hat*.

Die dritte Vorbemerkung betrifft den religiösen Tiefen-
gehalt meines Versuches einer Beschreibung von Altern
als Lebensform. Auch wenn es zunächst nicht in jeder
Zeile durchschimmert, handelt es sich durchaus um eine
Beschreibung aus christlicher, ja: aus evangelischer Per-

spektive, und es wird sich vor allem im zweiten Teil zeigen, in welcher Hinsicht dieses Altern als eine protestantische Lebensform aufgefasst werden kann.

Eine vierte Vorbemerkung möchte ich machen. Eine solche Lebensform ist immer sozial verfasst. Sie hat eine individuelle Dimension, aber auch verschiedene soziale Dimensionen. Meine folgenden Ausführungen beziehen sich vorrangig auf die individuelle Dimension, also die Lebensform des Einzelnen, die er als der Einzelne, der er ist, mit und für sich selbst hat. Das hat natürlich soziale Komponenten, die auftauchen werden. Aber den Ausgangspunkt bildet die individuelle Dimension.

Schließlich eine fünfte und letzte Vorbemerkung. Ich rede vom alternden Menschen in denjenigen Phasen, in denen man ihm noch Orientierungsfähigkeit unterstellen kann, sei er noch so pflegebedürftig. Ich rede nicht vom Menschen in den äußeren Grenzphasen seines Alterns, nämlich in der Demenz, unter Sedativa, im Sterben. Selbst wenn manches, was ich im Folgenden sage, für Einzelne und Einzelnes noch gelten mag: ich blicke auf den orientierungsfähigen alternden Menschen.

Damit nun aber genug der Vorbemerkungen. Meine Überlegungen gliedern sich in vier Punkte. Ich nähere mich dem Thema an, indem ich erstens auf Wandlungen schaue, die die Lebensform des alternden Menschen bestimmen. Zweitens dann, und da wird es etwas komplizierter, nehme ich Gratwanderungen in den Blick, die zu leisten sind. Drittens blicke ich auf Konstanzen, die sich zwischen der Lebensform des Alterns und den Lebensformen vorangegangener Lebensphasen zeigen. Abschließend, viertens, werde ich auf die Bedeutung dieser Überlegungen für die Diakonie eingehen.

I. Wandlungen

a) Der erste, vielleicht signifikanteste und vermutlich in der beginnenden Alternsphase zuerst wahrnehmbare Punkt betrifft Wandlungen in Bezug auf die eigene Leistungsfähigkeit. Einerseits sinken diese Anforderungen. Der alternde Mensch, dessen Berufsleben an sein Ende gekommen ist und der in den Ruhestand eintritt (ich wähle hier wie im Folgenden stets Beispiele aus dem Leben alternder bürgerlicher Menschen, wenngleich sich Beispiele auch im Blick auf andere sozialen Lagen finden ließen), der seinen Privathaushalt verlässt und seinen Hausstand verkleinert, der manche anstrengenden Freizeitbeschäftigungen reduziert, muss nicht mehr so viel leisten wie zuvor. Weder andere noch er selbst verlangen, dass er die beruflichen Aufgaben wie früher erfüllt, dass er Haus und Garten in Schuss hält, musiziert oder radelt wie früher.

Andererseits steigen diese Leistungsanforderungen, und zwar in den gleichen Bereichen. Der alternde Mensch muss nicht mehr Sport treiben wie früher, aber es wird immer wichtiger, dass er sich körperlich fit hält. Er muss sein Haus nicht mehr pflegen, aber er muss mehr darauf achten, dass er selbst gepflegt auftritt. Er muss sich im Beruf nicht mehr bewähren, aber er muss Hirn und Geist in Schwung halten.

Die Anforderungen an die Leistungsfähigkeit wandeln sich. Und wollte man die Struktur dieser Wandlungen beschreiben, so könnte man sagen: Die Freiheit von der eigenen Leistungsfähigkeit steigt – und zugleich steigt die Abhängigkeit von dieser Leistungsfähigkeit. Freiheit und Abhängigkeit nehmen gleichermaßen zu – und zwar nicht etwa so, dass die Freiheit von der einen Sache und die Abhängigkeit von einer anderen Sache zunähmen, sondern so, dass Freiheit und Abhängigkeit von ein und derselben Sache zunehmen. Darin besteht die eigentliche Herausforderung dieser hier zuerst genannten Wandlung von Anforderungen an die Leistungsfähigkeit.

In dieser Beobachtung einer parallelen Zunahme von Freiheit und Abhängigkeit wird ein formales Muster erkennbar, dass auch für weitere nun zu nennende Wandlungen gilt, die die Lebensform des Alterns bestimmen dürften.

b) Zu nennen sind als nächstes Wandlungen in der Bedeutung äußerer Gegebenheiten. Manches, was früher wichtig war, verliert an Bedeutung. Man denke nur an Konsumgüter: vieles, das früher zum Grundbestand gehörte und ohne das man sich das Leben nicht vorstellen konnte, braucht man nicht mehr. So zum Beispiel die Fülle von technischen Assistenzen im Haushalt, vom Auto über den Rasenmäher bis zur Küchenmaschine: All diese Dinge werden immer weniger gebraucht und man muss sich auch immer weniger um sie kümmern. Das verschafft Freiheiten. Manche Beschäftigungen, die einst unverzichtbar erschienen, müssen oder dürfen reduziert werden: die Gartenarbeit, das tägliche Walking, der Spaziergang mit dem Hund. Überhaupt: weil der lokale Radius des alternden Menschen geringer wird, gewinnt er Freiheiten. Reise- und Ausflugsziele dürfen nicht nur weniger werden, sondern sie dürfen auch näher rücken und sich wiederholen. All das ist ein Zugewinn an Freiheit.

Gleichzeitig sind es dieselben Dinge, wenngleich in verkleinerter Form, von denen man zunehmend abhängig wird. Frei wird man von vielen Geräten, aber von der Funktionstüchtigkeit mancher Geräte wird man umso abhängiger: dem Hörgerät; dem Handy, dieser Nabelschnur zur Welt; dem Gehwagen. Frei wird man davon, wie es in der weiten Welt aussieht – aber umso abhängiger davon, wie das Appartement im Seniorenstift aussieht, welche Lage es hat, wie weit der Lift entfernt ist, wie das Licht einfällt. Freiheit und Abhängigkeit von solchen äußeren Gegebenheiten nehmen parallel zu.

c) Etwas subtiler wird es beim nächsten zu nennenden Punkt. Er betrifft die den alternden Menschen umgebenden anderen Menschen. Ihre Zahl nimmt im Laufe des Alterns ab, und die Zusammensetzung des Kreises ändert sich. Es werden weniger und es werden andere Menschen. Man gewinnt Abstand von manchen, die im Laufe der Zeit weniger wichtig werden: Kollegen und ihr Urteil fallen zum Beispiel aus, aber auch flüchtigere Bekannte und die entbehrlichen Small-Talks mit ihnen. Von diesen wird man frei. Zugleich wird der Kreis der weniger Werdenden und der neu Hinzukommenden immer wichtiger. Die eigenen Kinder und ihre Präsenz gewinnen an Bedeutung, ebenso wie die stets weniger werdenden Freunde. Neue Nachbarn werden wichtiger, Ärzte vielleicht auch, und natürlich treten immer stärker in den Vordergrund: Pfleger und Pflegerinnen, Betreuer und Betreuerinnen, die so enorm wichtig sind für das alltägliche Befinden. So sehr das Zurücktreten der Vielen entlastend wirken mag, so groß sind die Herausforderungen, die zunehmende Bedeutung der Wenigen zu erkennen. Man muss lernen, den Umgang mit ihnen aufmerksam zu pflegen, vielleicht auch demütiger als früher. Der zunehmenden Freiheit von den Vielen, die weniger wichtig werden, korrespondiert die zunehmende Abhängigkeit von den Wenigen, die immer stärker an Bedeutung gewinnen.

d) Wandlungen in Bezug auf die Menschen, die in der Umgebung sind, sind immer auch Wandlungen in Bezug auf die kommunikative Dimension des Daseins. Freier wird der alternde Mensch von der Notwendigkeit, mit all den schnellen Entwicklungen der Informations- und Kommunikationsgesellschaft mitzuhalten, das heißt: die in großer Geschwindigkeit auftauchenden neuen Medien und neuen Formate zu bedienen. Warum sollte der alternde Mensch sich dem Zwang der Jungen und der Berufstätigen aussetzen, neben WhatsApp auch noch facebook oder Instagram zu benutzen, um niemanden zu verpassen; neben der gedruckten Tageszeitung auch noch Online-Zeitungen zu lesen, um schnellstmöglich informiert zu bleiben? Von diesen Zwängen der Kommunikationstechnik wird er immer freier.

Aber parallel dazu wird er immer abhängiger von gezielter, personalisierter Kommunikation. Immer älter werdend, bin ich immer stärker darauf angewiesen, dass Menschen mit mir reden – und zwar auf den wechselnden Niveaus meiner Auffassungsgabe, meines Hörvermögens, meiner Aufnahmekräfte, meiner Mitteilungsbereitschaft. Zu den Phänomenen des Älterwerdens gehört die Verlangsamung, aber gerade nicht als linearer Prozess eines konstanten Immer-Langsamer-Werdens, sondern als Erscheinung wechselnder Geschwindigkeiten, wechselnder Leistungsfähigkeiten. Das gilt insbesondere für die Kommunikationsfähigkeit. Sie wechselt, sie mag heute schwächer und morgen wieder stärker ausgeprägt sein. Und elementar abhängig bin ich als alternder Mensch davon, dass meine Kommunikationspartner diese wechselnden Geschwindigkeiten mitgehen, dass sie sich sensibel auf meine wechselnden Niveaus einlassen: so, dass ich mich nicht genieren muss; so, dass ich das Vertrauen in meine Kommunikationspartner behalte und der Versuchung zum verkümmernden Rückzug nicht erliege. Altern heißt eben auch: zugleich freier werden von Kommunikation und abhängiger werden von ihr.

e) Ein letzter Punkt ist hier zu nennen. Der junge und auch der erwachsene Mensch haben eine lange Zukunft vor sich – Zukunft in all ihrer Ambivalenz: als Chance zur Verwirklichung eigener Pläne und Ideen, als Gelegenheit zur Ausfächerung und Differenzierung des eigenen Selbst, aber Zukunft auch als potentielle Gefährdung dieses Selbst, Zukunft als mögliche Bedrohung dessen, was wichtig ist und wichtig bleiben soll. Zukunft stellt emotionale Forderungen: Zukunftsaussichten erwarten vom jungen und vom erwachsenen Menschen Zuversicht, und sie erwarten, dass man die eigenen Zukunftssorgen emotional und reflexiv kanalisiert.

Der alternde Mensch hat immer weniger einer solchen *langen* Zukunft vor sich; immer freier wird er von dem Bedürfnis, dass diese lange Zukunft gelingen möge und freier von der Notwendigkeit, diese lange Zukunft emotional und reflexiv bewältigen zu sollen. Aber der alternde Mensch hat eine *kurze* Zukunft vor sich, und dass diese kurze Zukunft gelingt, das ist wohl der Kern all seiner Hoffnungen und Wünsche im Alter. Und darum ist der alternde Mensch elementar abhängig davon, dass ihm seine kurze Zukunft lebbar, bewältigbar, gestaltbar erscheint. In seiner Gedanken- und Gefühlsarbeit tut er alles Mögliche dazu, die Ungewissheit seiner kurzen, offenen Zukunft emotional und reflexiv zu bewältigen und er ist in seinem Lebensgefühl abhängig davon, dass ihm das gelingt. Und so zeigt sich hier auch noch einmal:

Altern als Lebensform ist unter anderem dadurch bestimmt, dass man zugleich freier wird von der Zukunft wie abhängiger von ihr.

So weit zu den zentralen Wandlungen, die das Altern als Lebensform bestimmen. Sie zeichnen sich, wie gesagt, samt und sonders aus durch eine parallele Zunahme von Freiheit und Abhängigkeit. Das ist die Grundstruktur dieser Wandlungen. Im zweiten Teil soll es nun um eine besondere Form von Wandlungen gehen, nämlich um solche Veränderungen, die vom alternden Menschen verlangen, dass er Gratwanderungen absolviert, dass er Gratwege geht, dass er das Gleichgewicht behält und Übertreibungen nach der einen oder anderen Seite vermeidet, um nicht zu fallen.

II. Gratwanderungen

Diese Gratwanderungen bilden die eigentliche Herausforderung, weil sie sehr viel stärker noch als der Umgang mit den oben genannten Wandlungen eine aktive Bewältigung verlangen.[3] Diese Gratwanderungen betreffen, ich sage es vorab und werde es gleich ausführen, den Umgang mit Verzicht, den Umgang mit den eigenen Wertungen sowie den Umgang mit den eigenen Erinnerungen. Und die Herausforderungen bestehen darin, dass jeder dieser Komplexe große Versuchungen enthält, nämlich die Versuchung, in alten Bahnen und in alten Grundhaltungen zu bleiben – und dass zugleich jeder dieser Komplexe große Aufgaben enthält, nämlich: Veränderungen zu sehen, Notwendigkeiten eines Neuanfangs zu sehen und damit Chancen zu ergreifen. Allerdings ist der Weg, die Versuchungen zu vermeiden und die Chancen angemessen zu ergreifen, sehr schmal, wie sich zeigen wird.

Dies gilt aus zwei Gründen. Einmal, weil die Chancen den Versuchungen, in die man sich so schön hineinfallen lassen kann, bisweilen sehr ähnlich sehen, ja: weil die Chancen sich von den Versuchungen nur in Nuancen unterscheiden. Und sodann, dies ist der kompliziertere Grund, weil die Vermeidung der Versuchungen und das Ergreifen der Chancen nicht das Resultat einer bewussten reflektierten Entscheidung ist, die fraglichen Punkte ab jetzt anders betrachten und werten zu wollen, sondern weil sich der praktische Umgang mit den fraglichen Punkten fast unmerklich verändert. Doch ich beschreibe zunächst die drei Komplexe und komme danach auf diese Gründe zurück.

a) Der erste Blick soll sich auf den großen Komplex des Verzichtenmüssens richten. Zu den das Altern als Lebensform bestimmenden Grunderfahrungen gehört es, wahrnehmen zu müssen, dass es nicht immer so weitergehen kann. Das ist nicht einfach. Die damit verbundene Versuchung hat zwei Stufen. Sie beginnt damit, diese Wahrnehmung zu verdrängen und darauf zu setzen, dass es bisher doch eigentlich immer alles gut gegangen ist. In frühen Phasen des Alterns entwickelt der Mensch eine Virtuosität im Kaschieren: Orientierungsverluste lassen sich vernebeln; Gespräche lassen sich bewältigen, auch wenn der Gesprächspartner nur zur Hälfte verstanden worden ist; körperliche Schwächen lassen sich mit Witzen auf eigene Kosten verbergen, Ärzten wird Beschwerdelosigkeit vorgespielt. Und das geht eine Weile gut, sehr gut sogar.

Das Versuchliche in diesem Weiter-So besteht darin, dass man eigentlich nicht mehr an etwas Neues glaubt, und genau darum macht man immer weiter. Man traut sich und anderen nicht zu, dass man das eigene Leben unter den Bedingungen zunehmenden Eingeschränktseins führen könnte oder führen dürfte. Irgendwann aber wird das Realitätsfremde an diesem Weiter-So offensichtlich, vielleicht aus kleinstem Anlass. Dann kommt es zur zweiten Stufe der Versuchung, nämlich der Resignation: Es hat ja doch alles keinen Sinn mehr. Und diese Niedergeschlagenheit wird in verzehrender und übertreibender Weise gern auch ausgedehnt auf eigentlich unverändert Gelingendes.

Meistens aber ist das Neue, das Verzichtenmüssen, gar nicht so neu und vor allem nicht so bedrohlich, wie es scheint, bisweilen wird es sogar eher ein Verzichtendürfen. Eigentlich reicht es, im alltäglichen Umgang das, was in resignativer Sicht als Verlust erscheint, in konstruktiver Sicht als Gewinn zu behandeln. Die Gratwanderung besteht darin, richtig zu resignieren, das heißt: die Entdeckung zuzulassen, dass man dieses oder jenes nicht mehr braucht; die Entdeckung zuzulassen, dass man dieses und jenes nicht nur ohne großen Verlust bleiben lassen kann, sondern mehr noch: dass der Verzicht auf das eine Kräfte für anderes freisetzt. Dabei kommt es darauf an, das Neue nicht zu überhöhen, also von diesem Neuen nicht zu viel zu verlangen. Das wäre wiederum ein Untertypus der Versuchung zur Realitätsverdrängung, an der man alsbald wieder scheitern müsste. Man würde auf der anderen Seite vom Grat fallen, in der Überhöhung des Neuen. Das Neue ist aber in Wahrheit nicht mehr und nicht weniger als der lebensbejahende Umgang mit dem Altbekannten, nämlich dem Verzichtenmüssen. Es kommt darauf an, in der Praxis des Lebens richtig zu resignieren – so nämlich, dass man begrenzt resigniert und dadurch Kräfte freisetzt.

b) Der zweite Komplex betrifft den Umgang mit den eigenen Wertungen, also mit jenem Ensemble aus Meinungen, Sichtweisen, Haltungen, Werturteilen. Das Altern als Lebensform ist auf Schritt und Tritt begleitet von der Gefahr, dass einem die Gegenwart fremd wird. Globale und lokale politische Entwicklungen, Verschiebungen in den Umgangs- und Kommunikationsformen, ethische und moralische Standards, neue Üblichkeiten in Kunst, Kultur und Kirche, Entwicklungen der Kinder und Enkel – das alles und noch viel mehr erscheint dem alternden Menschen vielfach nicht so, wie es sein sollte. Es entspricht nicht seinen Auffassungen vom Richtigen, vom Passenden, vom Angemessenen. Und die Versuchung besteht darin, dass man in eine Art Nostalgie verfällt, in eine Art Verklärung der eigenen Meinungen und Sichtweisen, in eine Art Absolutsetzung der eigenen Wertungen. Sie ist nicht identisch mit der Auffassung, dass die Dinge früher besser gewesen seien, wiewohl sie mit dieser Illusion verwandt ist. Diese Nostalgie ist vielmehr eine Skepsis gegenüber den im Alltag der Gegenwart offensichtlich geltenden und offensichtlich kollektiv geteilten Wertungen – und eine melancholische Überhöhung der eigenen Wertungen. Die Versuchung besteht darin, sich der Begegnung mit der Gegenwart dadurch zu entziehen, dass man in das altvertraute, eigene System der Wertungen ausweicht, das man sich zudem nicht erst erobern muss, sondern das bereits bestens bekannt ist – so bekannt, dass auch alle möglichen Überraschungen noch innerhalb der Bandbreite des bereits Bekannten liegen. Und tückisch ist diese Versuchung deswegen, weil sie immer tiefer in die Unzufriedenheit mit der Gegenwart führt. Sie treibt einen in das die Lebensform bestimmende Grundgefühl, selbst recht zu haben und es besser zu wissen als die Welt um einen herum.

Dieser Gefahr kann und wird man aber nicht dadurch entgehen, dass man versucht, die Wertungen der Gegenwart zu übernehmen. Das ist weder möglich noch nötig. Wieder ist es eine Gratwanderung, die die Lebensform des alternden Menschen bestimmt, der die ihm mit der Relativität der eigenen Wertungen gestellte Aufgabe bewältigen will. Und diese Gratwanderung besteht darin, sich selbst darin zu trainieren, auf all das, was einem begegnet, nicht sofort mit Wertungen zu reagieren. Es geht gar nicht darum, die eigenen Wertungen zurückzustellen und die der Gegenwart übernehmen zu sollen. Vielmehr muss man, auf dem schmalen Grat zwischen Selbstverabsolutierung und Selbstverleugnung, einüben, sich der Wertungen zu enthalten. Zur Lebensform des Alterns gehört es auch, ,schauen' zu dürfen, ohne dadurch zum Urteil oder gar zum Handeln verpflichtet zu sein. Man kann es gar als ein Privileg der Lebensform des Alterns sehen, auf Wertungen verzichten zu dürfen, das heißt: an die Stelle des Urteilens das Schauen zu setzen. In keiner anderen Lebensphase ist es so weitgehend erlaubt, auf Stellungnahmen, auf den Aufbau und die Artikulation einer Haltung zu diesem oder jenem zu verzichten. Der alternde Mensch aber muss nicht mehr urteilen. Er darf sich selbst (und übrigens auch andere) damit erfreuen, an die Stelle der Wertungen das Schauen zu setzen, das Interesse daran, wie es ist und wie es weitergeht: der

Wunsch, das, was sich ereignet, zu sehen – ganz abgesehen davon, ob man es billigt oder nicht.

c) Der dritte Komplex, in dem das Altern als Lebensform durch die Aufgabe der Gratwanderung bestimmt ist, betrifft den Umgang mit der Erinnerung. Zur Lebensform des Alterns gehört es natürlicherweise, dass man viel Aufmerksamkeit auf die Vergangenheit richtet, auf die Zeiten, in denen man aktiv war und handeln konnte, den Überblick hatte und entscheiden konnte, Kraft hatte und Dinge auf den Weg gebracht hat. Das ist natürlich. Aber es ist auch offensichtlich, dass mit dieser Vertiefung in die Vergangenheit Gefahren verbunden sind – Gefahren, die als Versuchungen beschrieben werden müssen, weil sie auf den ersten Blick so attraktiv sind und auf den zweiten Blick so lebenseinschränkend. Diese Versuchungen bestehen darin, zunächst die alten Zeiten zu verklären und dann sich selbst.

In der ungezügelten Erinnerung wird zunächst die Vergangenheit besser als sie war, dann schnell aber auch der alternde Mensch, der sich an frühere Phasen seines Lebens erinnert, in denen er agiler war: leistungsfähig, umsichtig, strapazierfähig, ausdauernd. Er war, so scheint es ihm, in jeder Hinsicht mehr und besser als heute. Der sich seiner selbst erinnernde, alternde Mensch verklärt sich selbst. Das allein wäre nicht schlimm, wenn es eine folgenlose Illusion bliebe. Aber sie hat Folgen, und zwar niederschlagende Folgen für das Leben des alten Menschen in seiner Gegenwart. Denn in der Selbstverklärung macht er die Differenz zwischen seiner Vergangenheit und seiner Gegenwart größer als sie ist. Er vergleicht sich unwillkürlich, und das hat ein schlechtes Ergebnis: Er erinnert sich größer als er wirklich war – und darum nimmt er sich heute kleiner wahr als er ist. Die Erinnerung an die eigene Größe ist selbstzerstörerisch. Denn mit der Erinnerung an die eigene Größe nimmt er sich Lebenskraft in der Gegenwart.

Aber wiederum wäre der Vorsatz, die Erinnerungstätigkeit einzuschränken, übertrieben und verkehrt. Denn das Vergangene ist lebendig, es bestimmt das gegenwärtige Leben. Die Aufgabe der Gratwanderung heißt, sich richtig zu erinnern. Wie war es wirklich? Zu den Privilegien der Lebensform des Alterns gehört es unter anderem, sich selbst und anderen nichts vormachen zu müssen. Und aus Selbstschutz sollte man sich auch nichts vormachen. Ehrlichkeit und Klarheit sind, auf die Bewältigung der Lebensform des Alterns bezogen, förderlicher und hilfreicher als Selbstverklärungen. Denn diese setzen Standards, die schon damals nicht erfüllt wurden – und heute noch viel weniger erfüllt werden können. Die richtige Erinnerung, die ehrliche Erinnerung ist der Grat, den das Altern als Lebensform vom Menschen verlangt.

Verzichten, Werten, Erinnern – drei Grundformen des Alterns als Lebensform habe ich beschrieben. Sie enthalten jeweils Versuchungen und Chancen, und die Chancen sind niemals das Gegenteil der Versuchungen, sondern Differenzierungen, die in den Versuchungen schon angelegt sind, aber nicht immer ganz leicht zu finden sind, wenn aus dem Verzichtenmüssen das Verzichtenkönnen werden soll, aus der Verabsolutierung der eigenen Wertungen deren Relativierung und aus der verklärenden Erinnerung die ehrliche Erinnerung. Diese Gratwege sind, wie gesagt, nicht immer ganz leicht zu finden, aber noch schwerer ist es, sie zu gehen, weil man die Balance halten muss – mit langem Atem und auch unter gewiss schwindenden Kräften.

Das Beschreiten dieser Wege hat darüber hinaus eine weitere Gemeinsamkeit. Es ist stets eine Praktik. Es ist kaum einmal das Resultat einer bewussten Willensentscheidung, eines reflektierten Entschlusses am Ende eines Überlegungs- und Abwägungsprozesses. Vermutlich überzeugt kein alternder Mensch sich selbst durch Argumente davon, aus dem Verzichtenmüssen das Verzichtenkönnen zu machen, aus der verklärenden Erinnerung die ehrliche Erinnerung und so weiter. Vielmehr ist das eine allmähliche Änderung im eigenen Agieren, ein fast unmerkliches Einpendeln in der Praxis des Verzichtens, in der Praxis des Wertens, in der Praxis des Erinnerns. Im alltäglichen Leben, im Strom des Verzichtens, des Wertens, des Erinnerns pendeln diese Praxen sich ein; sie neigen sich bald mehr zur einen, bald mehr zur anderen Seite, und je mehr sie auf dem beschriebenen Grat bleiben, umso leichter wird das Leben mit dem Verzichten, dem Werten und dem Erinnern. So spielt sich das Gehen auf dem Gratweg ein. Wenn überhaupt, dann kommt es erst nachträglich zu Bewusstsein; manchmal ist man dann selbst überrascht davon, dass sich in der Praxis etwas eingespielt hat, was offensichtlich lebensdienliche Wirkungen zeigt, aber doch niemals reflektiert entschieden worden ist. Altern als Lebensform gibt es nur als Praktik: als eine Praktik, die vielleicht nachgängiger Reflexion zugänglich ist, die aber nicht das Resultat von Überzeugungen, Ideen oder durchdachten Entschlüssen ist. Darum wird man sich keine Illusionen machen dürfen: man kann niemanden davon überzeugen, im beschriebenen Sinne zu altern; man kann ihn nur darin unterstützen. Darauf komme ich später noch einmal zurück.

III. Konstanzen

Von Wandlungen war zunächst die Rede, die das Altern als Lebensform kennzeichnen; sodann von Gratwegen, die zu beschreiten sind und nun muss auch noch von Konstanzen gesprochen werden, die das Altern als Lebensform mit den Lebensformen früherer Jahre verbinden. Den Wandlungen und den Gratwanderungen ist gemeinsam, dass sie hervorgehen aus der schlichten Unterscheidung zwischen dem, was der Mensch selbst zum Gelingen seines Lebens beitragen kann und dem, was ihm von außen zukommt und nur von außen zukommen kann. Die genannten Wandlungen in der Leistungsfähigkeit, in der Bedeutung äußerer Gegebenheiten, im Kreis der einen umgebenden Menschen, in der Kommunikationsfähigkeit und in den Zukunftsaussichten, aber auch die Gratwanderungen im Verzichten, im Werten und im Erinnern können in der beschriebenen Weise nur aufgefunden und als Gesetzmäßigkeiten des Alterns identifiziert werden, weil hinter ihnen die grundlegende Unterscheidung steht zwischen dem, was der Mensch selbst leisten kann und dem, was ihm gegeben wird – in christlicher Sprache: was nur Gott leisten kann. Diese Unterscheidung ist fundamental auch für Lebensformen in früheren Jahren und sie ist basal für Lebensformen von Menschen unterschiedlicher Leistungsfähigkeit, unterschiedlicher Bedürftigkeit, unterschiedlichen intellektuellen Vermögens. Die Unterscheidung zwischen dem, was der Mensch kann und dem, was nur Gott kann, ist jeweils konstitutiv und bildet stets den Ausgangspunkt weiterer und konkreter, individueller Differenzierungen.

Wo und wann immer Menschen im Laufe ihres Lebens mit Kontingenzen umgehen müssen und Wege für einen konstruktiven Umgang mit diesen Kontingenzen suchen, da kommen sie über kurz oder lang auf Umgangsformen, die sich als Variationen zeigen dieser basalen Versuche zur lebenspraktischen Bewältigung des Unterschiedes zwischen dem, was der Mensch kann und dem, was nur Gott kann. In dieser Perspektive steht das Altern als Lebensform in einem kontinuierlichen Zusammenhang mit früheren und anderen Lebensformen des Menschen.

Darum zeigt sich genau hier, warum die vorangehende Beschreibung des Alterns als Lebensform eine theologische Beschreibung ist und warum das Altern in diesem Sinne als Erscheinungsweise einer christlichen, möglicherweise sogar: einer protestantischen Lebensform gelten muss. Betrachtet man die christliche, die evangelische Existenz einmal wirklich als eine Praktik, als eine Lebensform, dann zeigt sich: diese ist ja durch nicht mehr und nicht weniger gekennzeichnet als durch die Aufgabe einer permanenten Bewältigung dieser Grenze zwischen dem, was der Mensch tun kann und dem, was nur Gott tun kann; zwischen opus hominum und opus Dei. Diese Grenze verschiebt sich, sie ist bisweilen schwer sichtbar, manchmal macht man sich Illusionen über ihren Verlauf. Aber sie muss bewältigt werden, in jeder Lebensphase, im Alltag wie in den großen biographiebestimmenden Ereignissen, in den beglückenden Ereignissen des Lebens ebenso wie in den bekümmernden Widerfahrnissen, im Erfolg wie im Scheitern, in den eigenen Stärken wie in den eigenen Schwächen, im Kleinen wie im Großen.

Im Protestantismus ist deshalb eine starke Sensibilität für diese Grenze zwischen opus Dei und opus hominum ausgeprägt. Luther hat es nicht umsonst als die höchste Kunst des christlichen Lebens bezeichnet, unterscheiden zu können zwischen opus Dei und opus hominum. Und auch das berühmte, selbst auf Andachtskärtchen gedruckte Gebet des deutsch-amerikanischen Theologen Reinhold Niebuhr, das früher dem württembergischen Pietisten Friedrich Christoph Oetinger zugeschrieben wurde, bringt diese Unterscheidung auf den Punkt: „Gott, gib mir die Gelassenheit, Dinge hinzunehmen, die ich nicht ändern kann; den Mut, Dinge zu ändern, die ich ändern kann – und die Weisheit, das eine vom anderen zu unterscheiden."

Nun ist es im Protestantismus aber mit der Unterscheidung allein noch nicht getan. Charakteristisch für eine protestantische Lebenshaltung, für eine protestantische Lebensform ist es, den Sinn für Sichtbarkeiten und Erscheinungsweisen des einen im anderen zu schärfen, also: für das Aufleuchten des Göttlichen im eigenen Leben ebenso wie für das Menschliche oder bisweilen auch Menschelnde in Gott. Man führt sein protestantisches Leben mit einem starken Sinn für das Erscheinen des Göttlichen im Menschlichen, aber auch mit einem starken und stets zur Kritik bereiten Sinn für das Erscheinen des Menschlichen und manchmal allzu Menschlichen im Göttlichen. Für die protestantische Lebensform ist signifikant, dass in der Bemeisterung des Lebens ständig ausbalanciert wird: zwischen Mensch und Gott, zwischen dem Geleisteten und dem Geschenkten, zwischen Endlichem und Unendlichem, zwischen Heiligem und Profanem. Diese Balanceleistungen zu erbringen, das stellt in protestantischer Sicht die größte Herausforderung an das Leben eines jeden einzelnen Menschen dar, in dem er permanent Kontingenzen verarbeiten muss, mit Gelingen und Misslingen umgehen muss, mit unverdientem Glück und ebenso unverdientem Unglück, mit Hoffnung und Scheitern. Dabei stets den großen, den lebensbestimmenden Unterschied zwischen dem Selbstgemachten und dem Gottgegebenen zu identifizieren und mit ihm ausbalanciert umzugehen, das ist zu allen Zeiten des Lebens und in allen Formen des Lebens essentiell. In dieser theologischen Perspektive herrscht zwischen der Lebensform des Alterns und den Lebensformen früherer Jahre oder anderer Leistungsfähigkeiten keine prinzipielle Differenz, sondern Kontinuität und Konstanz.

IV. Zur Bedeutung dieser Überlegungen für die Diakonie

Von der Diakonie war bislang nicht die Rede – und eigentlich doch die ganze Zeit. Denn die Beschreibung des Alterns als Lebensform richtet sich ja an diejenigen, die in der Diakonie mit alternden Menschen zu tun haben – in welcher Funktion auch immer. Die hier vorgetragene Sicht auf die Lebensform des Alterns könnte sie sensibilisieren für drei Aufgaben.

a) Die erste Aufgabe ist etwas grundsätzlicherer Natur. Sie besteht darin, sich in die Seele des alternden Menschen zu versetzen, indem man sich die angedeuteten Balanceaufgaben vor Augen führt und sich dabei vergegenwärtigt, dass es keine prinzipiell, sondern nur graduell andere Aufgaben sind als diejenigen, die auch jüngere und kräftigere Menschen bewältigen müssen. Plakativ gesagt: der alternde Mensch, der mir anvertraut ist, das bin ich.

Nicht: ich werde es auch einmal sein, in späteren Jahren, sondern ich bin es jetzt schon. Der alternde Mensch, der zwischen opus Dei und opus hominum auszumitteln und auszubalancieren sucht, das bin ja ich. Natürlich, der alternde Mensch hat seine eigenen Formen und Themen; die Wandlungen, die durch zunehmende Freiheiten und Abhängigkeiten gekennzeichnet sind, sind noch nicht die Wandlungen, durch die mein eigenes Leben gehen und die Bedeutung von Verzichten, Werten und Erinnern ist in meinem Leben nicht so stark wie in seinem. Aber die Grundaufgabe dieser Lebensform, die Notwendigkeit der Ausmittlung von opus Dei und opus hominum, ist auch meine Grundaufgabe. Im Altern verstärkt sich nur, was ein jeder von uns immer schon in sich hat; es tritt umso stärker hervor, was immer schon da ist. In dieser Hinsicht könnte die Beschreibung zu einer Identifikation mit den alternden Menschen führen, die sich den Mitarbeitern und Mitarbeiterinnen der Diakonie anvertrauen. In der hier vorgetragenen theologischen Hinsicht herrscht so etwas wie eine Schicksalsgemeinschaft zwischen jüngeren und alternden Menschen, die via Identifikation zur – ich sage es mit einem altmodischen Wort – christlichen Solidarität im Umgang mit dem alternden Menschen führen könnte.

b) In einer etwas konkreteren Hinsicht folgt aus der Beschreibung vom Altern als Lebensform die Aufgabe, den alternden Menschen in seiner Praxis zu unterstützen. Wir haben gesehen, dass Altern als Lebensform viel weniger mit bewussten, reflektierten Entscheidungen, Willensänderungen, zu tun hat als mit mehr oder weniger unmerklich veränderten Praktiken. Und darum heißt die diakonische Aufgabe ganz schlicht: unterstützen ist wichtig, nicht überzeugen. Es gilt, den alternden Menschen in

den Praktiken seines Umgangs mit den Wandlungen, in
den Praktiken seiner Versuche, auf dem Grat zu wan-
dern, zu unterstützen und ihn im Scheitern aufzufangen.
Und das heißt in den meisten Fällen, ihn zu ermuntern, es
noch einmal zu versuchen, vielleicht ein bisschen anders,
aber wieder und wieder, in der Unterstützung seiner be-
ständigen Versuche, mit dem eigenen Gelingen und dem
eigenen Scheitern ausbalanciert umzugehen.

c) In aller Kürze gesagt, besteht die Aufgabe derer,
denen die diakonische Begleitung alternder Menschen
anvertraut ist, also darin, selbst ausbalanciert andere bei
ihren Ausbalancierungen zu unterstützen. Die Aufgabe
besteht darin, den alternden Menschen zu bestärken
dort, wo es ihm gelingt, die Balance zu halten – und
ihn aufzufangen dort, wo er das Gleichgewicht verliert
und die Folgen seines Absturzes bearbeiten muss. Oder,
noch kürzer gesagt und in einen biblischen Imperativ ge-
kleidet: Freut euch mit den Fröhlichen und weint mit den
Weinenden (Röm 12,15).

Dass aber diejenigen, die die diakonische Begleitung
alternder Menschen leisten sollen, diesem Imperativ genügen können und die entsprechenden Fähigkeiten erwer-
ben, trainieren und verfeinern, das richtet die Aufmerksamkeit auf eine weitere Aufgabe, die hier am Schluss nur
summarisch genannt werden kann, nämlich die Aufgabe
der Bildung der Mitarbeiter und Mitarbeiterinnen in der
diakonischen Altenhilfe. Wer den alternden Menschen
gerecht werden will, die sich den diakonischen Einrichtungen und Unternehmen anvertrauen und wer ihr Vertrauen rechtfertigen will, der muss die Mitarbeiterinnen
und Mitarbeiter in der Altenhilfe so bilden, dass ihnen
der Blick für ihre Schicksalsgemeinschaft mit den altern-

den Menschen und ein Umgang mit ihnen in christlicher Solidarität erschwinglich ist. Bilden heißt hier nicht nur, sie zu unterrichten und es heißt auch nicht nur, sie durch Gottesdienste und Andachten mit den Grundunterscheidungen des Protestantismus vertraut zu machen, sondern bilden heißt auch: die Mitarbeiterinnen und Mitarbeiter durch die Art des Umgangs, den die Leiter und Leiterinnen der Einrichtungen mit ihnen pflegen und durch die Art des Umgangs, den die Leiter und Leiterinnen der Einrichtungen mit sich selbst pflegen, den Sinn für das Grundmuster einer protestantischen Lebensform, das Ausbalancieren zwischen opus hominum und opus Dei in allen Lebensstufen, in allen Umgangsformen, in allen Praktiken der Lebensbewältigung zu wecken. Denn den Mitarbeitern und Mitarbeiterinnen den Sinn dafür zu wecken und zu schärfen, dass die Lebensform des Alterns nicht mehr und nicht weniger als die Konkretion einer protestantischen Lebensform ist, das ist, so scheint mir, essentiell für die Qualität der diakonischen Altenhilfe.

Anmerkungen

Anmerkung zu *Christian Albrecht:* Vorwort (S. V–IX)

1 Beiträge zu diesen Tagungen, die seit gut fünfzehn Jahren diakonische Praktiker mit Fachwissenschaftlern, Kirchenvertretern, Politikern und anderen Personen des öffentlichen Lebens zusammenführen, sind unter anderem in folgenden Bänden dokumentiert: Christian Albrecht (Hg.): Wieviel Pluralität verträgt die Diakonie?, Tübingen 2013. – Ders.: Wozu ist die Diakonie fähig?, Tübingen 2016. – Ders. (Hg.): Was leistet die Diakonie fürs Gemeinwohl?, Tübingen 2018. – Ders. (Hg.): Gibt es Glück in der Diakonie?, Tübingen 2020.

Anmerkung zu *Gertrud M. Backes/*
Wolfgang Clemens: Alter(n) als
Herausforderung an gesellschaftliche
und individuelle Entwicklung (S. 1–19)

1 Vgl. Gertrud Backes: Alter(n) als ‚Gesellschaftliches Problem‘?
Zur Vergesellschaftung des Alter(n)s im Kontext der Moder-
nisierung, Wiesbaden 1997.

Anmerkungen zu *Andreas Kruse:* „Sich vom
Antlitz des Anderen berühren lassen".
Alter zwischen Entwicklungsmöglichkeiten
und Entwicklungsgrenzen, zwischen
Reife und Verletzlichkeit (S. 21–56)

1 Emmanuel Lévinas: Zwischen uns. Versuche über das Denken an
  den Anderen, München 1995, S. 227. (Entre nous, Paris 1991)
2 A. a. O., S. 270.
3 Andreas Kruse: Biografische Aspekte des Alter(n)s: Lebens-
  geschichte und Diachronizität, in: Ursula M. Staudinger/Sigrun-
  Heide Filipp (Hg.): Enzyklopädie der Psychologie, Entwick-
  lungspsychologie des mittleren und höheren Erwachsenenalters,
  Göttingen 2005, S. 1–38.
4 Giovanni Pico della Mirandola (1427/1990): De hominis dignitate (deutsch: Über die Würde des Menschen), Hamburg
  1990, S. 6 f.
5 Vgl. Andreas Kruse: Lebensphase hohes Alter – Verletzlichkeit
  und Reife, Heidelberg 2017.
6 Vgl. Erik Homburger Erikson: The life cycle completed. Ex-
  tended version with new chapters on the ninth stage by Joan
  M. Erikson, New York 1998.
7 Vgl. Jochen Brandtstädter: Lebenszeit, Weisheit und Selbsttrans-
  zendenz, in: Aufgang – Jahrbuch für Denken, Dichten, Musik 11
  (2014), S. 136–149.
8 Vgl. Andreas Kruse/Eric Schmitt: Spirituality and transcen-
  dence, in: Rocío Fernández-Ballesteros/Athanase Benetos/
  Jean-Marie Robine (Hg.): Cambridge Handbook of Successful
  Aging, Cambridge 2018, S. 426–454. – Leopold Rosenmayr: Über
  Offenlegung und Geheimnis von Kreativität, in: Andreas Kruse
  (Hg.): Kreativität im Alter, Heidelberg 2011, S. 82–105.
9 Karl Jaspers: Philosophie, Berlin 1932/1973.
10 A. a. O., S. 141.
11 Victor Frankl: … trotzdem Ja zum Leben sagen. Ein Psychologe
  erlebt das Konzentrationslager, München 2009 (Wien 1946).

12 Robert Peck: Psychologische Entwicklung in der zweiten Lebenshälfte, in: Hans Thomae / Ursula Lehr (Hg.): Altern – Probleme und Tatsachen, Wiesbaden 1968, S. 376–384.

13 Friedrich Nietzsche: Menschliches, Allzumenschliches I und II (Friedrich Nietzsche: Sämtliche Werke. Kritische Studienausgabe in 15 Bänden. Band 2), hg. von Giorgio Colli und Mazzino Montinari, Berlin / New York 1999, S. 65.

14 Ebd.

15 Hannah Arendt: Was ist Politik?, München 1993.

16 Hannah Arendt: Gedanken zu Lessing. Von der Menschlichkeit in finsteren Zeiten, in: Dies. (Hg.): Menschen in finsteren Zeiten, München 1989, S. 3–36.

17 Linda P. Fried u. a.: Frailty in older adults: Evidence for a phenotype, in: Journal of Gerontology 56A (2001), S. 146–156.

18 Heike Springhart / Günter Thomas (Hg.): Exploring Vulnerability, Göttingen 2017.

19 Kruse: Lebensphase (s. o. Anm. 5).

20 Jaspers: Philosophie (s. o. Anm. 9), S. 203.

21 A. a. O., S. 204.

22 A. a. O., S. 206.

23 A. a. O., S. 207.

24 Thomas Rentsch: Alt werden, alt sein – Philosophische Ethik der späten Lebenszeit, in: Thomas Rentsch / Harm-Peer Zimmermann / Andreas Kruse (Hg.): Altern in unserer Zeit, Frankfurt 2013, S. 163–187.

25 Gisela Labouvie-Vief / Daniel Grühn / Joseph Studer: Dynamic integration of emotion and cognition: Equilibrium regulation in development and aging, in: Richard M. Lerner / Michael E. Lamb / Alexandra M. Freund (Hg.): The Handbook of life-Span Development: Bd. 2. Social and Emotional Development, Hoboken 2010, S. 79–115.

26 Brandtstädter: Lebenszeit (s. o. Anm. 7).

27 Andreas Kruse / Eric Schmitt: Shared responsibility and civic engagement in very old age, in: Research in Human Development, 12 (2015), S. 133–148. – Ursula Lehr: Kreativität in einer Gesellschaft des langen Lebens, in: Andreas Kruse (Hg.): Kreativität im Alter, Heidelberg 2011, S. 73–95.

28 Hannah Arendt: Vita Activa oder vom tätigen Leben, Stuttgart 1960.

29 A. a. O., S. 169.
30 Andreas Kruse u. a.: Älterwerden in Balance. Bewältigungs- und Gesundheitsverhalten im Alter. Abschlussbericht an die Bundeszentrale für gesundheitliche Aufklärung, Heidelberg 2020.
31 Hans Thomae: Das Individuum und seine Welt, Göttingen 1968.
32 Es wurden im Falle einer mittelgradigen oder stärkeren Ausprägung dieses Daseinsthemas zusätzlich exploriert: Häufigkeit und Intensität des Schmerzes, berichtete Schmerzursache(n), subjektiv attribuierte Fähigkeit, den Schmerz „kontrollieren" zu können (Anzahl der Personen mit diesem zusätzlichen Erhebungsteil: N = 260).
33 Hans-Georg Gadamer: Über die Verborgenheit der Gesundheit, Frankfurt [8]2003.
34 Christian Morgenstern: Stufen. Eine Entwickelung in Aphorismen und Tagebuchnotizen. München 1940, S. 128.

Anmerkungen zu *Otfried Höffe:*
Die hohe Kunst des Alterns (S. 57–82)

1 Der Text bleibt dem Vortragscharakter treu. Er greift zurück auf meine gleichnamige Studie: Die hohe Kunst des Alterns. Kleine Philosophie des guten Lebens, München ⁴2019.

2 Hermann Hesse: Über das Alter, in: Ders.: Eigensinn. Autobiographische Schriften, hg. von Siegfried Unseld, Frankfurt am Main 1972, S. 203–206, 203.

3 Jonathan Swift: Gedanken, in: Ders.: Satiren. Mit einem Essay von Martin Walser, Frankfurt am Main 1965, S. 163–166, 165.

4 Cicero: Cato maior de senectute / Cato der Ältere über das Alter, Lt.-dt., übers. und hg. von Harald Merklin, Leipzig 1998.

5 Swift: Gedanken (s. o. Anm. 3), S. 165.

6 Friedrich Nietzsche: Menschliches, Allzumenschliches I und II (Friedrich Nietzsche: Sämtliche Werke. Kritische Studienausgabe in 15 Bänden. Band 2), hg. von Giorgio Colli und Mazzino Montinari, Berlin / New York 1999, S. 498 (II, Nr. 289).

7 Johann Wolfgang von Goethe: Maximen und Reflexionen, in: Ders.: Schriften zur Kunst. Textkritisch durchgesehen von Erich Trunz. Kommentiert von Herbert von Einem. Schriften zur Literatur. Maximen und Reflexionen. Textkritisch durchgesehen und kommentiert von Hans Joachim Schrimpf (Johann Wolfgang von Goethe. Werke. Hamburger Ausgabe in 14 Bänden. Band 12), München 1988, S. 365–547, 415 (Nr. 370).

8 Georg Friedrich Wilhelm Hegel: Vorlesungen über die Philosophie der Geschichte (Georg Friedrich Wilhelm Hegel Werke 12), Frankfurt 1970, S. 53.

9 Goethe: Maximen (s. o. Anm. 7), S. 542 (Nr. 1333).

10 Johann Wolfgang von Goethe: Gedichte und Epen I. Textkritisch durchgesehen und kommentiert von Erich Trunz (Johann Wolfgang von Goethe. Werke. Hamburger Ausgabe in 14 Bänden. Band 1), S. 309 (Nr. 36).

11 Arthur Schopenhauer: Aphorismen zur Lebensweisheit, in: Sämtliche Werke Bd. 4, Parerga und Paralipomena 1, Frankfurt am Main 1985, S. 373–592, 585.

12 A. a. O., S. 589.

13 Jakob Grimm: Rede über das Alter, in: Ders.: Reden in der Akademie, ausgewählt und hg. von Werner Neumann und Hartmut Schmidt, Berlin 1984, S. 304–323.

14 Christos Tsiolkas: Nur eine Ohrfeige, Stuttgart 2012, S. 370.

15 Ernst Bloch: Das Prinzip Hoffnung. In drei Bänden. Erster Band: Kapitel 1–32, Frankfurt am Main 1959, S. 41.

16 Ebd.

17 [Johann Wolfgang] Goethe: West-oestlicher Divan, Stuttgart 1819, S. 192.

18 Tsiolkas: Ohrfeige (s. o. Anm. 14), S. 348.

19 Zadie Smith: Meine Zeit als junge Frau ist vorbei, in: Frankfurter Allgemeine Zeitung vom 11. Februar 2017.

20 Silvio Blatter: Zwölf Sekunden Stille, Frankfurt 2004, S. 13.

21 Pablo Casals: Licht und Schatten auf einem langen Weg. Erinnerungen, aufgezeichnet von Albert E. Kahn, Frankfurt am Main 1971, S. 9.

22 Vgl. Hermann Hesse: Mit der Reife wird man immer jünger. Betrachtungen und Gedichte über das Alter, Frankfurt am Main 2003.

Anmerkungen zu *Christian Albrecht:* Ausbalancieren zwischen opus hominum und opus Dei (S. 83–105)

1 So etwa im Sinne Ludwig Wittgensteins, der unter Lebensformen vorgegebene Tatsachen des Lebens versteht oder im Sinne Karl Jaspers', der unter Lebensformen die großen und sinnvollen Strukturen des Geisteslebens versteht.
2 Rahel Jaeggi: Kritik von Lebensformen, Berlin 2014, S. 69.
3 Dieser Abschnitt verdankt zahlreiche Anregungen Wolfgang Trillhaas: Versuchungen und Chancen des Alters, in: Vierteljahreszeitschrift für neuzeitliches Christentum, hg. von Hans Martin Müller, Tübingen [Selbstverlag] 1987, S. 1–15.

Personenregister

Autorenverzeichnis

Christian Albrecht, geb. 1961, ist Inhaber des Lehrstuhls für Praktische Theologie an der Evangelisch-Theologischen Fakultät der Ludwig-Maximilians-Universität München.

Gertrud M. Backes, geb. 1955, ist Inhaberin des Lehrstuhls für Altern und Gesellschaft sowie Direktorin des Forschungszentrums Altern und Gesellschaft an der Universität Vechta.

Wolfgang Clemens, geb. 1946, war außerplanmäßiger Professor am Institut für Soziologie des Fachbereiches Politik- und Sozialwissenschaften der Freien Universität Berlin.

Otfried Höffe, geb. 1943, war Inhaber des Lehrstuhls für Philosophie und ist Leiter der Forschungsstelle Politische Philosophie an der Philosophischen Fakultät der Eberhard-Karls-Universität Tübingen.

Andreas Kruse, geb. 1955, ist Inhaber des Lehrstuhls für Gerontologie und Direktor des Instituts für Gerontologie an der Fakultät für Verhaltens- und Empirische Kulturwissenschaften der Ruprecht-Karl-Universität Heidelberg.